Janko Claus

Risiko Psychotherapie?

Positive und negative Effekte psychotherapeutischer Behandlungen

Diplomica Verlag GmbH

Claus, Janko: Risiko Psychotherapie? Positive und negative Effekte psychotherapeutischer Behandlungen, Hamburg, Diplomica Verlag GmbH 2016

Buch-ISBN: 978-3-95934-998-7
PDF-eBook-ISBN: 978-3-95934-498-2
Druck/Herstellung: Diplomica® Verlag GmbH, Hamburg, 2016

Bibliografische Information der Deutschen Nationalbibliothek:
Die Deutsche Nationalbibliothek verzeichnet diese Publikation in der Deutschen Nationalbibliografie; detaillierte bibliografische Daten sind im Internet über http://dnb.d-nb.de abrufbar.

© Diplomica Verlag GmbH
Hermannstal 119k, 22119 Hamburg
http://www.diplomica-verlag.de, Hamburg 2016
Printed in Germany

Inhalt

Zusammenfassung

Die Psychotherapieforschung ist ein relativ junges Forschungsgebiet. Empirische Nachweise über die Wirksamkeit der Psychotherapie gibt es erst seit wenigen Jahrzehnten. Die hohe Effektivität der Psychotherapie gilt als allgemein bestätigt, dabei sind die Wirkursachen nicht abschließend geklärt. Zudem fehlt es in der Psychotherapie an einer nebenwirkungsorientierten Forschungstradition und Behandlungskultur. So rückten erst in den letzten Jahren vermehrt negative Therapieeffekte in das Bewusstsein von Forschern und Therapeuten. In dieser Übersichtsarbeit wird der aktuelle Forschungsstand zu positiven und negativen Effekten der Psychotherapie und deren Wirkfaktoren dargestellt. Obwohl sich im Ergebnis ein sehr heterogenes Bild bezüglich der Bedeutung, Klassifikation und Definition der Psychotherapie-Wirfaktoren zeigt, gibt es deutliche Hinweise darauf, dass allgemeine schulenübergreifende Wirkfaktoren und weniger spezifische Wirkfaktoren für den Psychotherapieoutcome bedeutsam sind. Insbesondere Therapeuten-, Klienten- und Beziehungsvariablen sind hinsichtlich negativer und positiver Therapieeffekte als relevant anzusehen. Problematisch erscheint nach wie vor das geringe Forschungsinteresse für negative Therapiewirkungen, welche, wie sich gezeigt hat, regelhaft auftreten und sich teils erheblich für Klienten auswirken können. Wichtig mutet in dem Zusammenhang an, dass qualitätssichernde Faktoren in der Psychotherapie weiter Unterstützung erfahren. Dazu kann z. B. die Implementierung von Rückmeldesystemen genauso beitragen wie die Ausrichtung der Ausbildungsinhalte an aktuellen Forschungserkenntnissen. Speziell auf die Psychotherapieforschung kommt zukünftig die Aufgabe zu, das negative und positive Potential der Psychotherapie in ihren einzelnen Wirkkomponenten zu ergründen und damit die Weiterentwicklung der Psychotherapie voranzutreiben.

Schlüsselwörter: Psychotherapie, Wirkfaktoren, negative Therapieeffekte, Nebenwirkungen

1 Einleitung

Der Beginn der Psychotherapieforschung wird auf das Jahr 1916 datiert. Anfänglich brachten die Wissenschaftler einzelne Ergebnisstudien hervor. Einige Jahrzehnte später begannen sich diese zunehmend mehr auf die spezifischen Wirkfaktoren der Psychotherapie zu konzentrieren. Als Zäsur der Psychotherapieforschung gilt das Jahr 1952. Denn durch die Behauptung des britischen Psychologen H. J. Eysenck, dass positive Effekte, die durch Psychotherapie auftreten, nicht mehr sind als Spontanremissionen, wurde die Psychotherapie genötigt ihre Wirksamkeit nachzuweisen. Die abschließende Antwort auf diese Fundamentalkritik erfolgte 1977/1980 durch die ersten Metaanalysen, welche den Psychotherapiewirkungsnachweis erbringen konnten (Caspar & Jacobi, 2007).

Lambert und Ogles (2013) führen in ihrer Übersichtsarbeit eine Vielzahl von Metaanalysen auf, die in den letzten Jahrzehnten durchgeführt wurden. Auch wenn die Ergebnisse die Wirksamkeit der einzelnen Interventionen als gering bis sehr hoch bewerten und damit sehr schwankend sind, haben alle Metaanalysen eines gemeinsam: Sie bestätigen den positiven Effekt von Psychotherapie. In Vergleichen mit unbehandelten Kontrollgruppen finden sich bei Betrachtung verschiedener Störungsbilder mittlere Effektstärken von 0,67 bis 1,1. Mit Effektstärken zwischen 0,42 und 0,58 erzielen psychotherapeutische Verfahren auch im Vergleich zu Placebo-Kontrollgruppen eine deutlich höhere Wirkung.

Bei bestimmten Störungsbildern fallen die Effekte besonders hoch aus. Bei einigen Metaanalysen „erreichen" Angststörungen Effektstärken von über 1,6 und bei Zwangsstörungen sogar Effektstärken von über 2 (Pfammatter, Junghan & Tschacher, 2016).

Selbst die Kritik (vor allem an älteren Metaanalysen) bezüglich einiger methodischer Mängel und die damit einhergehende Relativierung der hohen Effektstärken können an dem durch die Fachliteratur immer wieder bestätigten Wirksamkeitsnachweis nicht rütteln. So konzentriert sich die Forschung zunehmend auf andere Fragestellungen (Lambert & Ogles, 2013). Die Wirkfaktoren geraten dabei zunehmend in den Fokus der Psychotherapieforschung. Dabei ist immer noch nicht abschließend geklärt, was an Psychotherapie wirkt.

Etwas anders verhält es sich mit den Negativwirkungen der Psychotherapie. Die Erkenntnis, dass gut entwickelte Therapien evtl. auch schaden können, führte in der Pharmakotherapie zu umfangreichen Forschungsarbeiten zum Thema Nebenwirkungen. Aber obwohl bereits seit weit mehr als 100 Jahren eine wissenschaftlich fundierte Psychotherapie praktiziert wird, fehlt in der Psychotherapie eine nebenwirkungsorientierte Forschungstradition und Behandlungskultur (Strauß, Linden, Haupt & Kaczmarek, 2012).

Vor einigen Jahren bin ich in der Zeitung „die Zeit" auf den Artikel „Nebenwirkungen - Beipackzettel für die Psychotherapie" (Schramm, 2012) gestoßen und wurde zum ersten Mal mit Psychotherapie-Nebenwirkungen konfrontiert. Dieser Artikel war für mich überraschend, da Psychotherapie für mich als sanfte Intervention galt, die im schlimmsten Fall keine Wirkung erzielt. Gerade im Vergleich zu medizinischen Behandlungen, bei denen ja durch chirurgische Eingriffe und der Verabreichung chemischer Substanzen teils massiv auf den menschlichen Organismus eingewirkt wird und aus dem Grund ein Behandlungsschaden eher vorstellbar scheint. Damals beschloss ich, dieses Thema bei passender Gelegenheit weiter zu verfolgen.

Mit diesem Buch möchte ich nun klären, welche Wirkfaktoren positiven und negativen Therapieeffekten zu Grunde liegen. Ich habe diese beiden Themenblöcke voneinander getrennt behandelt. So besteht dieses Buch aus zwei Hauptteilen. Im ersten Teil soll geklärt werden, was an Psychotherapie wirkt. Hier liegt der Fokus auf die positive Wirkung der Psychotherapie und deren Ursachen. Im zweiten Teil wird das Augenmerk auf alle negativen Aspekte gelegt, die mit Psychotherapie in Verbindung stehen. Anschließend, erfolgt eine Diskussion auf Grundlage der Ergebnisse des ersten und zweiten Teils dieses Buches.

Da ich durch meine Literaturrecherche feststellen musste, dass es sehr wenige Übersichtsarbeiten zum Thema Psychotherapie-Negativwirkungen gibt, dringt dieses Buch in ein relativ neues Forschungsgebiet vor. Auch ist mir keine Publikation aufgefallen, welche positive und negative Psychotherapieeffekte und deren Ursachen im gleichen Umfang gegenübergestellt und behandelt hat.

Aus Gründen der vereinfachten Lesbarkeit wird zum Großteil auf die zusätzliche Formulierung der weiblichen Form verzichtet und überwiegend die kürzere, männliche Schreibweise verwendet.

2 Methodik

Dieses Buch widmet sich dem Thema: „Positive und negative Psychotherapie-Effekte und deren Wirkfaktoren". Es wurden folgende Forschungsfragen untersucht: Was sind die Wirkfaktoren der Psychotherapie? Welche Wirkfaktoren kommen bei der Psychodynamischen Therapie, der Kognitiv-Behavioralen Therapie und der Gruppentherapie zum Tragen? Wie häufig treten Verschlechterungen auf? Was ist unter negativen Therapiewirkungen zu verstehen? Was sind die Ursachen für negative Therapiewirkungen?

Die Beantwortung dieser und weiterer Forschungsfragen die dieses Buch aufwirft, erfolgte auf Grundlage einer umfassenden Literaturrecherche. In dem Zeitraum Oktober 2014 bis Juli 2015 wurde in folgenden Datenbanken nach themenrelevanten Publikationen gesucht: PubMed, PsyContent, PSYNDEX, Springerlink und Google Scholar. Zudem wurde in mehreren Hochschulen nach Fachbüchern und Zeitschriftenbeiträgen recherchiert.

Die Literaturrecherche erfolgte durch eine Kombination aus systematischer und unsystematischer Recherche, dabei wurden die nachfolgenden Schlüsselwörter in deutscher und englischer Sprache (in Verbindung mit dem Psychotherapie-Begriff) verwendet: *Wirkfaktoren, Nebenwirkungen, negative Therapieeffekte, Placeboeffekte, außer- und extratherapeutische Faktoren, allgemeine Wirkfaktoren, spezifische Wirkfaktoren, Wirkfaktoren der Verhaltenstherapie, Wirkfaktoren der Gruppentherapie, Wirkfaktoren psychoanalytisch begründeter Verfahren, Therapie-Dosis-Effekt, Wirksamkeit von Laienhelfern, unerwünschte Ereignisse, Therapieschäden, Therapie-Misserfolg, Passung, Diagnostik, Stigmatisierung, Therapeutenvariablen, Klientenvariablen, Therapiebeziehung, Behandlungsfehler, Negativeffekte der Gruppentherapie, Negativeffekte der Verhaltenstherapie, Negativeffekte der Psychoanalyse, Negativeffekte psychodynamischer Verfahren, Abbrecher, Kunstfehler, Rückmeldesysteme, Qualitätssicherung, Systemfehler, Äquivalenzparadoxon.*

Betrachtet man das Feld der Psychotherapie in seinem ganzen Umfang, findet sich eine schwer überschaubare Anzahl unterschiedlicher Ansätze und „Schulen". Je nach Ausdifferenzierung, Abstraktionsgrad und Zählung lassen sich zwischen 250 und 400 unterschiedliche psychotherapeutischer Ansätze oder Orientierungen unterscheiden (Lutz, 2010). Dazu gehören unter anderem Verfahren wie Bioenergetik, Transaktionsanalyse, Gestalttherapie, Urschreitherapie, katathymes Bilderleben, Psychodrama und auch verschiedene Körpertherapien (Rief, Exner & Martin, 2006). Wegen der Vielzahl unterschiedlicher psychotherapeutischer Ansätze werde ich in diesem Buch Psychotherapie im Allgemeinen betrachten und auf die spezifischen Therapieformen nicht gesondert eingehen. Eine Ausnahme sollen nur die Psychotherapieverfahren bilden, die Teil der vertragsärztlichen Versorgung in Deutschland sind. Zu diesen Verfahren gehören die *Verhaltenstherapie*, die *tiefenpsychologisch fundierte Psychotherapie* und die *analytische Psychotherapie.* Außerdem wird auf die *Gruppenpsychotherapie* eingegangen. Diese Verfahren werden im ersten und im zweiten Teil dieses Buches extra behandelt, da diese Therapieformen eine hohe Relevanz für die Patientenversorgung in Deutschland haben, und sich so das Thema dieses Buches sinnvoll eingrenzen lässt.

3 Positive Psychotherapie-Effekte und deren Wirkfaktoren

Die Suche nach den psychotherapeutischen Wirkfaktoren war lange Zeit eng verbunden mit einem Schulen-Wettstreit, bei dem sich die psychodynamisch und humanistischen Therapien auf der einen Seite und die verhaltenstherapeutischen und kognitiven Therapien auf der anderen Seite gegenüberstanden (Strauß & Wittmann, 2005). Welche wissenschaftliche Theorie zeigt sich den anderen überlegen? Welche theoriegeleitete Behandlung gilt als besonders wirksam? Eine klare Beantwortung dieser Fragen zugunsten einer bestimmten Therapieschule oder Behandlungstechnik ließe den Schluss zu, was an Psychotherapie wirkt.

Nur hat die Forschung bisher keine Therapieschule favorisieren können. Im Gegenteil sprechen mehrere Studien dafür, dass trotz der unterschiedlichen Behandlungsansätze die Effekte relativ ähnlich sind (Lambert & Ogles, 2013). Dieses Phänomen, in der Fachwelt „Äquivalenzparadoxon" genannt, oder auch gern mit der Analogie „Verdikt des Dodos" verdeutlicht, wirft ein Problem auf. Wie kann es sein, das es für Klienten keine nennenswerten Unterschiede im Therapie-Ergebnis gibt, obwohl sie unterschiedliche Therapien durchlaufen haben?

Nach Lambert und Ogles (2013) gelten folgende Punkte als gängigste Erklärungen für das Äquivalenzparadoxon: (1.) Verschiedene Therapien können gleiche Ziele durch unterschiedliche Prozesse erreichen; (2.) verschiedene Ergebnisse können tatsächlich auftreten, diese wurden aber noch nicht entdeckt; (3.) es gibt möglicherweise allgemeine Wirkfaktoren, die in jeder Therapie unabhängig von der Therapieschule Anwendung finden. Für den ersten Punkt gibt es durchaus Argumente, wie eine neuere Studie von Pfammatter et al. (2012) zeigt (siehe 3.5). Um den zweiten Punkt drehen sich kontroverse und heftige Diskussionen, da der aktuelle Forschungsstand keine eindeutige Aussage zulässt. Am deutlichsten wird in der Fachliteratur der dritte Punkt hervorgehoben, da allgemeine Wirkfaktoren in vielen Studien nachgewiesen werden konnten und wie noch zu sehen sein wird, eine sehr entscheidende Rolle für den psychotherapeutischen Outcome bilden. Dennoch ist die Spezifitätsfrage bis heute nicht abschließend diskutiert. Neben der Forschungsfrage: "welcher Patient lässt sich mit welchem Behandlungsmodell (z. B. Psychodynamisch oder kognitiv-verhaltenstherapeutisch) am besten behandeln?", sind das psychotherapeutische Setting: „besser Einzel- oder Gruppentherapie?"

und in jüngster Zeit die Störungsspezifität: „benötigen spezifische Störungen auch spezifische Interventionen?", Teil der spezifischen Wirkfaktoren-Forschung (Strauß & Wittmann, 2005).

Doch beschränkt sich die Fachdiskussion betreffend der Zusammensetzung des therapeutischen Outcomes nicht allein auf spezifische und allgemeine Faktoren. Oft und gern werden die varianzaufklärenden Faktoren zitiert, die Lambert (2013) auf Grundlage einer Forschungsliteratursichtung einschätzte. Laut ihm setzt sich der therapeutische Outcome aus: 30% allgemeine bzw. gemeinsame Wirkfaktoren, aus 15% Erwartungs- (bzw. Placebo-) Effekten, aus 40% extratherapeutische Faktoren und aus 15% spezifischen Techniken zusammen.

Dieser Konzeption folgend sollen nun diese Wirkmechanismen näher betrachtet werden, beginnend mit den extratherapeutischen Faktoren und den Placebo-Effekten.

3.1 Extratherapeutische Faktoren

Mit extratherapeutischen Faktoren sind Ereignisse oder Prozesse gemeint, die außerhalb der Behandlungssituation stattfinden und an Veränderungen beim Klienten wesentlich beteiligt sind (Miller, Duncan & Hubble, 2000). Extratherapeutische Faktoren tragen nicht nur laut Lambert (2013) zu einem erheblichen Teil für Veränderungen in der Psychotherapie bei, sondern diese Annahme wird auch von anderen Autoren vertreten (z.B. Rabkin & Struening, 1976; Miller et al., 2000; Schiepe, 2008; Haupt, Linden & Strauß, 2013).

Extratherapeutische Faktoren können sich nach Miller et al. (2000) als *zufällige, unvorhergesehene Begebenheit* zeigen, die Ereignisse in Gang setzen, die am Ende in der Lösung des Problems gipfeln oder auch in der *Stärke und den Ressourcen* eines Klienten, sich die Hilfe anderer zu sichern. Die Autoren plädieren dafür, diese Faktoren gezielt für die Therapie nutzbar zu machen. Ein *änderungsorientiertes Vorgehen* würde dies ermöglichen. Dabei sollten Veränderungen beim Klienten gezielt beobachtet und ausgewertet werden. Der Therapeut sollte darauf vertrauen, dass sich Änderungen einstellen und ein Umfeld schaffen, welches diese Änderungen wahrscheinlicher macht. Eigenkompetenzen des Klienten sollen anerkannt und seine Stärken nutzbar gemacht werden.

Auch nach Grawe (2004) ist für das Therapieergebnis entscheidend, inwieweit es Therapeuten gelingt, eine Lösungs- bzw. Ressourcenperspektive bei Klienten zu aktivieren. Allerdings konnte der Forscher mit seinen Prozess- und Mikroprozessanalysen nachweisen, dass

Therapiedialoge in viel höherem Ausmaß als erwartet durch eine Problem- als durch eine Lösungs- bzw. Ressourcenperspektive von Therapeuten bestimmt sind. Ein Widerspruch den auch Miller et al. (2000) erkennen, da sie ihren änderungsorientierten Therapiestil „…*im scharfen Kontrast zu einem Großteil der herrschenden psychotherapeutischen Theorien und Verfahrensweisen*" sehen (ebd. S. 57).

Auch Freyberger und Spitzer (2013) weisen darauf hin, dass Ereignisse die außerhalb der Therapie stattfinden, in der therapeutischen Praxis wenig Berücksichtigung finden und fügen hinzu, dass auch die Psychotherapieforschung diesen Wirkfaktor bisher vernachlässigt hat. Das irritiert, wenn man bedenkt, dass extratherapeutische Faktoren nach Lambert (2013) den größten Einzelbeitrag zur Veränderungen in der Psychotherapie ausmachen.

3.2 Die Bedeutung des Placebo-Effekts für die Psychotherapie

Die Psychotherapie musste sich lange dem Vorwurf aussetzen, nicht mehr zu sein als ein Placebo-Effekt, was dem engen Verständnis des medizinischen Modells entspricht, bei dem alle Effekte, die nicht in das mechanistische Weltbild passen, als Placebos abgetan werden können. Das führte dazu, dass die Psychotherapieforschung angehalten war, den relativen Nutzen von Psychotherapie im Vergleich zu Placebokontrollen nachzuweisen. Ein Vorhaben, das eindrucksvoll gelang, wie zahlreichen Studien zeigen (Lambert & Ogles, 2013).

„Inert" oder „nicht-spezifisch" sind weder Placeboeffekt noch Psychotherapie, denn liegt eine Wirkung vor, ist sie nicht unbeteiligt und wird diese benannt, ist sie nicht unspezifisch. Zudem ist der Placeboeffekt interessant, da er zur Heilung beisteuern und somit auch in der Psychotherapie gezielt genutzt werden kann. So findet sich der Placeboeffekt, z. B. in Form des Wirkfaktors *Besserungserwartungen* in Konzeptionen allgemeiner Wirkfaktoren wieder (Pfammatter & Tschacher, 2012).

Ein Blick in die Medizingeschichte zeigt, dass über lange Zeit Substanzen verabreicht und Prozeduren durchgeführt wurden, die wir heute als Placebos bezeichnen würden (Metzing-Blau, 2008). Einige Historiker behaupten sogar, dass ein großer Teil der Heilungserfolge in der Geschichte auf Placeboeffekte zurückzuführen sind (Požgain, Požgain & Degmečić, 2014). Schon Platon glaubte, dass Worte heilende Kräfte haben und plädierte dafür „medizinische Lügen" einzusetzen, wenn sie der Heilung dienen können (Brody & Brody, 2002). Das „Placebo" hatte als „heilende Kraft des Vorstellungsvermögens", sei es bewusst oder unbewusst,

8

über Jahrtausende einen festen Platz bei vielen Heilbehandlungen. In den 30ger Jahren des letzten Jahrhunderts, veränderte sich diese Bedeutung, da das Placebo-Phänomen zum ersten Mal gezielt als Kontrollinstrument in Arzneimittelstudien eingesetzt wurde (Jütte, 2011), meist ohne den beobachteten Placeboeffekt näher zu analysieren (ebd.). Seit dem gelten randomisierte und *placebokontrollierte Studien* als „Goldstandard", wenn es um den Wirkungsnachweis klinischer Studien geht. Aus therapeutischer Sicht gilt dieses Vorgehen allerdings als nicht ganz unproblematisch, da nach Gabe eines Placebos klinisch bedeutsame Effekte zu beobachten sind (Schneider, 2005). So richtet sich neuerdings Kritik gegen dieses Forschungsdesign, nicht aus methodischen, sondern aus ethischen Gründen (Požgain et al., 2014).

Aber was wird unter einem Placebo-Effekt nun genau verstanden? Eine übliche Definiton lautet:

> A physician gives a patient a pill that, unbeknownst to the patient, is merely a sugar pill. This is the placebo. Presently, the patient's health improves, apparently because of the belief that the pill was a pharmacological agent, effective for the condition. This is the placebo effect. (Stewart-Williams & Podd, 2004, S.325)

Es gibt zudem eine Reihe weiterer Definitionen die das Phänomen weiter Ausdifferenzieren, wie *Tabelle 1* zeigt. Die hier definierten Placebo-Effekte beziehen sich auf medikamentösen Formen, bei denen zwischen oralen und intravenösen Applikationen unterschieden werden kann. Bei der Gabe von Placebo-Tabletten spielen u. a. die Farbe und die Größe eine Rolle. Es gibt aber auch andere Formen von Placebos z. B. Scheinakupunkturen oder auch Scheinoperationen.

Neben der zentralen Rolle, die das Placebo in der klinischen Forschung spielt, wird es auch in der therapeutischen Praxis eingesetzt. So kommt eine neuere Schweizer Studie zu dem Ergebnis, dass 72 % der befragten Schweizer Hausärzte Placebos einsetzen. Diejenigen, die Placebos in ihrer Praxis anwenden, greifen größtenteils auf Pseudo-Placebos (57 %) zurück, eine Minderheit (17 %) verabreicht reine Placebos (Stellungnahme des Wissenschaftlichen Beirats der Bundesärztekammer, 2010).

Tabelle 1

Definition der Placebo-Begriffe (Jütte, 2011, S.216).

Bezeichnung	Wirksamkeit der medizinischen Intervention
Reines Placebo	• Pharmakologisch unwirksame Substanz. • Keine spezifischen Effekte hinsichtlich einer Verbesserung des Krankheitsverlaufs.
Unreines/Pseudo-Placebo	• Pharmakologisch aktive Substanz. • Keine spezifischen Effekte (fehlende Evidenz) für die betreffende Indikation.
Aktives Placebo	• Pharmakologisch aktive Substanz. • Keine spezifischen Effekte für die betreffende Indikation. • Hervorrufung typischer Nebenwirkungen (Anwendung meist in klinischen Studien).
Placeboreaktion	• Bruttoeffekt nach Gabe eines reinen, unreinen oder aktiven Placebos (Placeboeffekt + vermengte Effekte).
Placeboeffekt	• Nettoeffekt nach Gabe eines reinen, unreinen oder aktiven Placebos (Placeboreaktion abzüglich vermengter Effekte).
Nocebo	• Pharmakologisch unwirksame Substanz. • Es werden beim Patienten Befürchtungen aufgebaut, durch die therapeutische Maßnahme krank gemacht zu werden.
Noceboeffekt	• Effekt bei Gabe eines reinen, unreinen oder aktiven Placebos (negativer Placeboeffekt).

Auf dem Gebiet der Medizin, gilt der Placebo-Effekt im Bereich der Psychiatrie am besten erforscht. Hier zeigen sich Placebobehandlungen bei Depressionen als besonders wirkungsvoll. Aber auch für die Behandlung von Schizophrenien gibt es einige Studien, welche die Wirksamkeit von Placebos belegen (Požgain et al. 2014). Frauen scheinen dabei anfälliger für Placebo- und Noceboeffekte zu sein (ebd.).

Der Begriff Nocebo wurde das erste Mal in den 60ger Jahren des letzten Jahrhunderts gebraucht, um die schädlichen Effekte des Placeboeffekts zu beschreiben. Nocebophänomene sind deutlich weniger in der Literatur und in wissenschaftlichen Studien vertreten und rücken erst seit wenigen Jahren in den Fokus der klinischen Grundlagenforschung (Bartram, 2013). Ein Extrembeispiel, welches das negative Potential von Noceboantworten veranschaulicht, betrifft den Todesfluch von Voodoopriestern. So zeigt Bartram (2013) wie ein Opfer eines Todesfluches,

10

ohne Nachweis organischer Ursachen einige Tage später aus Angst, Nervosität und anderen negativen Erwartungen verstarb.

Depressive und ängstliche Personen erfahren häufiger Nebenwirkungen von Medikamenten. Außerdem gelten Merkmale wie Neurotizismus, Pessimismus und auch die Typ A Persönlichkeit als besonders anfällig für Nocebo-Effekte (Požgain et al. 2014).

Eine Studie, die in drei amerikanischen Kliniken durchgeführt wurde, unterstreicht die Bedeutung von Nocebo-Effekten. Die Versuchsteilnehmer bekamen Aspirin und wurden unterschiedlich über Nebenwirkungen aufgeklärt. In den ersten beiden Kliniken warnten die Forscher die Teilnehmer über mögliche Magen-Darm-Nebeneffekte, in der anderen Klinik gab es solche Warnungen nicht. Das Ergebnis war, dass in den Kliniken, wo die Warnungen erfolgten, bei deutlich mehr Teilnehmern diese Nebenwirkungen festgestellt wurden (Požgain et al. 2014). Das Aufklären über Nebenwirkungen von Medikamenten oder auch Warnungen auf Zigarettenschachteln erscheinen so betrachtet, nicht ganz unbedenklich zu sein.

Moderne Analyse- und Bildgebungsverfahren ermöglichen den neurobiologischen Nachweis des Placebo-Effektes. Es zeigt sich, dass insbesondere die stammesgeschichtlich alten Areale des zentralen Nervensystems, etwa die limbischen Belohnungsregionen, aktiv sind (Esch, 2015).

Auch zeigt sich, dass die präfrontale Steuerung mit der Placebo-Ansprechrate in Verbindung steht (Požgain, 2014). Auch wenn sich der Placeboeffekt eher universell biologisch lokalisieren lässt, werden die Ursachen bzw. die Auslöser für Placeboeffekte kontrovers diskutiert.

Im Wesentlichen werden zwei Erklärungsansätze akzeptiert, der assoziative (lerntheoretische) und der mentalistische (kognitivistische):

1. Gemäß dem **assoziativen Ansatz** sind Placeboeffekte das Resultat einer meist unbewussten Lernerfahrung. Diese Lernerfahrung besteht in der Konditionierung auf eine bestimmte psychische oder physische Reaktion, die mit der Gabe eines Placebos assoziiert ist. Vor allem die klassische Konditionierung dient für zahlreiche Placeboeffekte (z. B. bei Schmerz, Depression, Parkinson, Immunsystem) als valides und zuverlässiges Erklärungsmodell.
2. Nach dem **mentalistischen Ansatz** ist der Placeboeffekt ein Erwartungseffekt. Allgemein geht man dabei von einem positiven linearen Zusammenhang der Höhe der Erwartung und des Effekts aus (Stellungnahme des Wissenschaftlichen Beirats der Bundesärztekammer, 2010).

Diese Ansätze stehen allerdings in keinem Widerspruch zu einander. So stellen Stewart-Williams und Podd (2004) fest: "*Our overall conclusion is that expectancy theory provides a partial account of the mediation of placebo effects, and conditioning procedures are one among several factors shaping such effects*" (ebd., S.324).

Wie weit kann dieses Wissen hilfreich für den psychotherapeutischen Prozess sein? Es ergeben sich einige interessante Schlussfolgerungen. In der „Schulmedizin" tauchen Glaube und Selbstregulation im Gewand des Placeboeffektes wieder auf (Esch, 2015). Auch die Beziehung zwischen Arzt und Patienten erfährt wieder mehr Bedeutung:

> The doctor-patient relationship can be therapeutic, anti-therapeutic and neutral and this physician as a placebo or nocebo inductor phenomena is quite controversial and interesting. There are wellknown sayings and metaphors such as „homo homini medicamentum est", „the doctor as the drug" and „the doctor as a walking placebo", but we must not neglect the opposite, toxic effect as well. (Požgain et al., 2014, S.102)

Für die Psychotherapie ist die Bedeutung der Therapeut-Klienten-Beziehung von jeher zentral und findet nun auch durch die Placeboforschung Unterstützung. Allerdings soll durch diese Aussage nicht suggeriert werden, dass Beziehungsvariablen mit Placeboeffekten gleichzusetzen sind. Das mag aus medizinischer Sichtweise zutreffen, aber die Psychologie bedient sich eines andren Dogmas, weshalb der Placebobegriff hier falsch verortet wäre. Allerdings hängen Glaube und Beziehung eng zusammen, weshalb der Beziehungsaspekt wiederum Nahrung erhält.

Außerdem sollte einem Psychotherapeuten bewusst sein, welche Erwartungen er in dem Klienten auslöst. So besteht die Gefahr, dass Diagnosen zu einer Selbsterfüllenden Prophezeiung werden können (Požgain et al., 2014).

Da Noceboeffekte gerade bei Klienten mit psychischen Störungen häufiger zu beobachten sind, ist anzunehmen, dass eine Therapie, welche den Fokus auf negative Lebensereignisse legt und diese immer wieder bearbeitet, die Gefahr einer Therapieschädigung erhöht. Wobei weiter davon auszugehen ist, dass eine ressourcenorientierte Therapie eher Placeboeffekte anregt. Eine klare Zielfestlegung scheint vor diesem Hintergrund wichtig zu sein, da z. B. das konkrete Ziel der Symptombesserung, evtl. Placeboeffekte in Form einer Selbsterfüllende Prophezeiung angeregt.

Auch wenn die Therapiebeziehung durch die Placeboforschung, weiterhin an Bedeutung gewinnt und die Forderung von Metzing-Blau (2008) *„Therapien von der reinen Fixierung auf Objekte zu befreien"* (ebd., S.371) begrüßenswert erscheint, so könnte das „Benutzen von Objekten" im Gegensatz dazu, für die Psychotherapie hilfreich sein, um Konditionierungen zu nutzen, oder den Glauben an den Heilungserfolg zu bestärken, zum Beispiel durch die Gestaltung des Behandlungssettings (Mobiliar, Farb- und Lichtsituation) oder auch durch die Einflussnahme auf die Wirkung des Therapeuten (z. B. Kleidung) sowie die Art und Weise wie bestimmte Techniken durchgeführt werden. Glücksbringer und vergleichbare Zeichen und Symbole wirken wie positive Konditionierungen und steigern im günstigen Fall die Selbstwirksamkeit (Esch, 2015). Diese würden sich auch zugeschnitten auf den individuellen Fall als Unterstützung nutzen lassen.

Auch scheint es nicht unbedeutend zu sein, ob ein Therapeut an sein Verfahren, seine Techniken sowie allgemein an den Behandlungserfolg glaubt. Ein Klient der einen überzeugten Therapeuten vor sich findet, kann gegebenenfalls ebenfalls leichter an den Erfolg der Therapie glauben, was wiederum Selbstheilungskräfte aktiviert. So zeigt Fiedler (2003) anhand von Studien über Therapieansätze bei dissozialen Persönlichkeiten im Gefängniskontext, dass hohe Erfolgszahlen bei den ansonsten schwierigst zu behandelnden Patienten in erheblichem Maß davon abhängig sind, wie sehr ein Therapie-Optimismus von den Therapeuten in den jeweiligen sozialtherapeutischen Kontexten und Gefängnissen nach innen und außen vertreten wird.

3.3 Allgemeine Wirkfaktoren

Dass allgemeine Wirkfaktoren für den therapeutischen Outcome eine wichtige Rolle spielen und im Vergleich zu spezifischen Wirkfaktoren deutlich entscheidender sind, wird von verschiedenen Autoren betont (z.B. Lambert, 2013; Grawe, 2005).

Dennoch stehen sich nach wie vor das medizinische Therapieverständnis und das kontextuelle Therapieverständnis (Wampold, 2001) scheinbar unvereinbar gegenüber. Ein Disput, der sich unter anderem an der Debatte um die zunehmende Manualisierung der Psychotherapie zeigt.

Aufgrund der Aktualität dieser Diskussionen könnte man annehmen, das die Konzepte allgemeiner und spezifische Wirkfaktoren vor nicht allzu langer Zeit aufeinander trafen. Allerdings sind allgemeine Wirkfaktoren in der Psychotherapieforschung seit Langem ein

13

Thema. So hat der Psychologe Saul Rosenzweig in den 1930er Jahren als Erster darauf hingewiesen, dass in jeder Form von Psychotherapie neben den gezielt angewandten spezifischen Therapietechniken auch implizite identische therapeutische Faktoren wirksam werden (Pfammatter, Junghan & Tschacher, 2012).

Überraschend aber auch problematisch ist außerdem, dass bis heute allgemeine Wirkfaktoren kaum klar definiert wurden. So werden für den Begriff des allgemeinen Wirkfaktors eine Vielzahl weiterer Begriffe verwendet, wie z. B. generischer, universeller oder kommunaler Wirkfaktor. Besonders häufig findet der Ausdruck unspezifischer Wirkfaktor Verwendung, der eine theoretische Unbestimmtheit impliziert und zudem häufig mit Placebowirkungen gleichgesetzt wird (Lambert & Ogles, 2013).

Neben der Begrifflichkeit variiert auch die Breite der psychotherapeutischen Variablen, die als allgemeine Wirkfaktoren bezeichnet werden sehr stark. Darunter können Aspekte der gesellschaftlichen Rahmenbedingungen von Psychotherapie, Eigenschaften des Patienten, Handlungen, aber auch Kompetenzen und Haltungen des Therapeuten sowie verschiedene Facetten der Therapiebeziehung zwischen dem Patienten und Therapeuten fallen. Dadurch dass diese unterschiedlichen Modelle mit ihren jeweiligen Wirkfaktoren - Pfammatter et al. (2012) führen 6 Modelle allgemeiner Wirkfaktoren und 4 Modelle auf, die Kategoriensysteme zur theoretischen Einordnung der zahlreichen allgemeinen Wirkfaktoren darstellen - teils unter mannigfachen Blickwinkeln und auf unterschiedlichen Abstraktionsebenen beschrieben werden, ist ein Vergleich dieser Modelle sehr schwer zu bewerkstelligen.

Allerdings ist es möglich, eine Zusammenfassung der bisher publizierten allgemeinen Wirkfaktoren zu erstellen. So haben Pfammatter und Tschacher (2012) nach einer umfassenden Literaturauswertung 22 allgemeine Wirkfaktoren identifiziert und definiert (siehe *Tabelle 2*).

Auch wenn die Zusammenfassung von Pfammatter und Tschacher (2012) eine umfassende Übersicht allgemeiner Wirkfaktoren darstellt, ist zu bedenken, dass einige dieser Wirkfaktoren theoriegeleitete Annahmen darstellen und ihre empirische Gültigkeit nicht zwangsläufig als bestätigt gelten kann.

Tabelle 2

In der Literatur beschriebene allgemeine Wirkfaktoren (nach Pfammatter & Tschacher, 2012, S. 71)

Allgemeine Wirkfaktoren	Beschreibung
Therapiebeziehung	Therapeut und Patient haben eine vertrauensvolle, kooperative Therapiebeziehung, die gekennzeichnet ist durch gegenseitige Verbundenheit, Übereinstimmung in Therapiezielen und therapeutischen Aufgaben sowie, auf Seiten des Therapeuten, durch Wertschätzung und emotionale Wärme für die Person des Patienten, wohlwollende Zuwendung und aufrichtiges Interesse an dessen Problemen.
Abschwächung sozialer Isolation	Der Patient erlebt eine Reduktion seiner sozialen Entfremdung und Isolation.
Erklärungssystem	Der Patient erhält ein für ihn plausibles Erklärungssystem für seine Probleme, das ihm ermöglicht, seine problematischen Erfahrungen einzuordnen und ihm einen nachvollziehbaren an das therapeutische Vorgehen geknüpften Lösungsweg aufzeigt.
Besserungserwartungen	Beim Patienten wird Hoffnung auf eine Besserung seiner Schwierigkeiten und die Erwartung, dass die Therapie Erfolg haben wird, aufgebaut.
Veränderungsbereitschaft	Der Patient entwickelt die Bereitschaft, seine Situation und sein Verhalten zu verändern.
Aktive Patiententeilnahme	Der Patient nimmt aktiv an der Therapie teil, ist engagiert.
Ressourcenaktivierung	In der Therapie werden die Stärken, Fähigkeiten und Ressourcen des Patienten angesprochen.
Affektives Erleben	Der Patient erlebt mit seinen Problemen verbundene Emotionen und Affekte.
Freisetzung unterdrückter Emotionen (Katharsis)	Der Patient erlebt Emotionen und Affekte, die bisher unterdrückt und verdrängt waren.
Problemaktualisierung	Der Patient wird mit seinen Problemen konfrontiert, erlebt diese und setzt sich damit auseinander.
Desensibilisierung	Der Patient erlebt durch Habituation ein zunehmendes Nachlassen, eine Abschwächung aversiver Gefühlsreaktionen in problematischen Situationen.
Korrektive emotionale Erfahrung	Der Patient macht Erfahrungen, die seinen bisherigen negativen Erfahrungen in problematischen Situationen und den damit verbundenen Erwartungen, Befürchtungen widersprechen.
Achtsamkeit	Der Patient entwickelt die Fähigkeit zu nicht-bewertendem Gewahrwerden seiner Gedanken, Wahrnehmungen, emotionalen Zustände; es gelingt ihm, ganz im Hier und Jetzt zu sein und sich seiner inneren Vorgänge bewusst zu sein, ohne sie zu beurteilen.
Affektregulation	Der Patient lernt, seine Emotionen und Affekte in bestimmten Situationen besser wahrzunehmen, auszudrücken und zu kontrollieren.
Klärung und Einsicht	Der Patient entwickelt ein Problemverständnis, erkennt Zusammenhänge und wiederkehrende Muster in seinen Problemen.
Assimilation problematischer Erfahrungen	Der Patient gleicht die problematischen Erfahrungen an seine sonstigen Wahrnehmungs- und Verarbeitungsmuster an und kann sie sich dadurch besser zu eigen machen.

Kognitive Umstrukturierung und Bewältigung	Der Patient passt schrittweise (Akkomodation) seine Wahrnehmungs- und Verarbeitungsmuster an eine vom Therapeuten vorgeschlagene Problemsicht an (Internalisierung), was ihm eine Neueinschätzung und stimmigere Einordnung problematischer Erfahrungen in ein System von Wahrnehmungs- und Verarbeitungsschemata (Integration) erlaubt.
Mentalisierung und Selbstreflexivität	Der Patient entwickelt die Fähigkeit, die mentalen Zustände (Stimmungen, Intentionen, Wünsche, etc.) seiner Interaktionspartner angemessener wahrzunehmen und einzuschätzen (Theory of Mind).
Verhaltensregulation	Der Patient eignet sich neue instrumentelle und soziale Verhaltenskompetenzen an und erfährt dadurch eine erhöhte Handlungskontrolle.
Vermittlung von Bewältigungserfahrungen	Der Patient macht die Erfahrung erfolgreicher Problembewältigung.
Erhöhung der Selbstwirksamkeit	Der Patient erhöht seine Erwartungen in die eigene Wirkungskraft, überzeugt sich von Möglichkeiten eigener Einflussnahme.
Neue Narration des Selbst	Der Patient entwickelt eine neue, kohärente Wahrnehmung der eigenen Person in Bezug auf die Vergangenheit, Gegenwart und Zukunft sowie in Beziehung zu seiner Umwelt.

Im Folgenden sollen nun zwei Modelle allgemeiner Wirkfaktoren vorgestellt werden, die dadurch bestechen, das sie auf der Grundlage empirischer Forschungsarbeit entstanden sind.

3.3.1 Allgemeine Wirkprinzipien der Psychotherapie nach Grawe

Grawe (2005) entwickelte auf der Grundlage der von Grawe, Donati und Bernauer (1994) durchgeführten Metaanalyse (897 Studien aller als relevanten eingestuften Psychotherapieformen wurden bewertet), das Ziel, dass Therapieschulsystems zu überwinden und zu einer progressiven Weiterentwicklung der Psychotherapie beizutragen, die in einer allgemeinen Psychotherapie münden sollte. Grawe (2005) hebt 5 allgemeine Wirkfaktoren hervor, die er „[...] *induktiv aus den tatsächlichen Wirkungen der einzelnen psychotherapeutischen Vorgehensweisen abgeleitet [...]"* hat (ebd., S.7):

1. Die Qualität der **Therapiebeziehung** trägt laut Grawe signifikant zu einem besseren oder schlechteren Therapieergebnis bei. Die Therapiebeziehung ist laut Grawe wichtig, weil Psychotherapie sich immer in zwischenmenschlichen Beziehungen abspielt, Einfluss durch zwischenmenschliche Geschehen genommen wird und viele psychische Erkrankungen als Beziehungsstörungen aufgefasst werden können (Grawe et al., 1994).

2. Unter **Ressourcenaktivierung** wird die Freilegung des Potentials verstanden, welches der Patient in die Therapie mit einbringt, wie z.B. Fähigkeiten oder Eigenarten, die für die Therapie wertvoll sein können.

16

3. Die **motivationale Klärung** dient dazu, das Bewusstsein des Patienten für die Ursprünge, Hintergründe und aufrechterhaltende Faktoren seines problematischen Erlebens und Verhaltens zu fördern.

4. Durch die **Problemaktualisierung** werden Probleme erfahrbar gemacht. Das geschieht z. B. durch das Aufsuchen realer Situationen in denen diese Probleme auftreten oder durch therapeutische Techniken (Rollenspiele).

5. Unter dem Wirkfaktor **Problembewältigung** ist die konkrete Erfahrungsbewältigung spezifischer problematischer Situationen zu verstehen. Typische Verfahren die dabei eingesetzt werden, sind z.B. die Reizkonfrontation bei Agoraphobikern oder Entspannungsverfahren bei Schmerzzuständen (Grawe & Znoj, 2004).

Inkonsistenzerfahrungen sind laut Grawe und Znoj (2004) der Hauptgrund für schlechtes Wohlbefinden und psychische Erkrankungen. Inkonsistenz entsteht, wenn zwischen der Befriedigung der Grundbedürfnisse und der Umwelt ein Konflikt besteht. Ist es nicht möglich den Konflikt zu beheben, dient das Vermeiden als konsistenzsichernde Maßnahme, welche kurzfristig zwar sinnvoll sein kann, aber langfristig negative Folgen mit sich zieht, da sie die Freiheit der Wahl einschränkt und damit die Bedürfnisbefriedigung erschwert. Symptome wiederum dienen dazu, den Spannungszustand auszugleichen den die Inkonsistenz hervorbringt, diese stellen aber wie die Vermeidung keine Dauerlösung dar, da sie selbst zu weiteren Inkonsistenzerfahrungen beitragen. Das Ziel muss also sein, anders zu reagieren.

Grawe et al. (1994) nennt zwei Strategien, die dabei zentral sind: die Klärung des Sachverhaltes (*Motivationale Klärung*) und die *Problembewältigung* durch zielgerichtete Handlungen in der problematischen Situation. Auch wenn er der aktiven Hilfe zur Problembewältigung die größere Wichtigkeit zuschreibt, betont er, dass die Therapie sich immer an die individuellen Gegebenheiten des einzelnen Patienten orientieren muss, und das kann auch bedeuten, dass eine Klärung der Situation ausreichend ist, wenn es dem Patienten möglich ist, aufgrund der neu gewonnenen Informationen eigenständig passende Maßnahmen zu ergreifen. Verhalten lässt sich außerdem laut Grawe et al. (1994) nur dann verändern, wenn es emotional erfahrbar wird *(Problemaktualisierung)*. Um Einfluss auf ein problematisches Denkmuster zu nehmen, ist es nötig, dass sich der Patient in eine bestimmte Situation hineinversetzt oder noch besser, das die Therapie in einem Setting stattfindet, indem das Problem real erfahrbar wird, z.B. generalisierte zwischenmenschliche Schwierigkeiten in einer Gruppentherapie.

Die Bedeutsamkeit dieser Wirkprinzipien kann als bestätigt gelten (Flückiger & Regli, 2007). Zudem konnten Smith und Grawe (2003) bereits erste Erkenntnisse in Bezug auf Interaktionen und Wechselwirkungen der einzelnen Wirkfaktoren zeigen. So zeigte sich, dass die Förderung von Problemaktualisierung nutzbringend für die Therapie ist, wenn gleichzeitig eine Ressourcenaktivierung gelingt (ebd.).

3.3.2 Das Allgemeine Modell der Psychotherapie von Orlinsky und Kollegen

Das Allgemeine Modell der Psychotherapie von Orlinsky und Kollegen wurde auf der Basis von früheren Zusammenfassungen von Prozess-Ergebnis-Studien entwickelt (Orlinsky, Ronnestad & Willutzki, 2013) und wird zudem kontinuierlich, auf der Grundlage relevanter Ergebnisse der Prozess-Outcome-Forschung, dem aktuellen Forschungsstand angepasst.

Prozess-Outcome-Studien, die seit ihren Anfängen in den 1950er Jahren auf ein sehr großes Maß angestiegen sind (Orlinsky et al., 2013), gelten als Alternative des störungsspezifischen RCT-Forschungsdesigns, da sie der Komplexität der therapeutischen Beziehung und des kontextuellen Umfeldes besser gerecht werden können (Tschuschke, 2005).

Dadurch, dass das *Allgemeine Modell der Psychotherapie* sich fortwährend aktualisiert und dabei die Komplexität des therapeutischen Geschehens berücksichtigt, kann es als sehr bedeutsam für die Erfassung allgemeiner Wirkfaktoren gelten.

Das generische Modell der Psychotherapie umfasst insgesamt 6 Prozessfacetten. Diese werden nun im Einzelnen mit den dazugehörigen Wirkfaktoren vorgestellt, deren Evidenz für ein positives Therapie-Outcome laut Orlinsky et al. (2013) nachgewiesen werden konnte:

1. **Organisatorischer Aspekt der Therapie: Der Therapeutische Vertrag** definiert den grundlegenden Rahmen in der Therapie vollzogen wird. Einige Variablen tragen zu einem positiven Therapieergebnis bei, etwa: Übereinstimmung in den Zielen und Klarheit hinsichtlich der Erwartungen, Vorbereitung des Patienten, Mitarbeit des Patienten, Eignung des Patienten für die Behandlungsform und die Kompetenz des Therapeuten.

2. **Technischer Aspekt der Therapie: Aktionen in der Therapie.** Variablen, die ein positives Therapieergebnis befördern, sind: Fokus auf Lebensprobleme und persönliche Kernbeziehungen des Patienten, Abstimmung der Interventionen auf Probleme und affektiven Reaktionen des Patienten, Konfrontation mit dem Gefühlserleben des Patienten, Kooperation des Patienten und positive affektive Reaktionen des Patienten auf Interventionen.

3. **Die therapeutische Beziehung** zeigt die stärkste Evidenz für einen Zusammenhang zwischen Therapieergebnis und Outcome und konnte bei mehr als 1000 Prozess-Outcome-Studien nachgewiesen werden. Neben der therapeutischen Beziehung als Ganzes tragen auch folgende Einzelaspekte zu einem positiven Therapieergebnis bei: Wie weit sich Therapeut und Patient auf ihre Rollen einlassen, ob beide aktiv die Therapie koordinieren und sich aufeinander einlassen und anerkennen.

4. **Interpersonaler Aspekt der Therapie: Eigenwahrnehmung** beschreibt den inneren psychischen Zustand der Teilnehmer während der Sitzungen. Starke positive Belege gibt es für den Zusammenhang zwischen Outcome und Offenheit aufseiten des Patienten. Auch die „Echtheit" des Therapeuten steht im Zusammenhang mit dem Outcome.

5. **Veränderung während der Sitzung** meint alle positiven Veränderungen (Einsicht, Erfahrungen von Selbstwirksamkeit, ect.) und alle negativen Veränderungen (Verwirrung, Angst, usw.) aufseiten des Patienten und des Therapeuten. Es gibt einen konsistenten Zusammenhang zwischen positiven Veränderungen im Patienten während der Sitzungen und einem positiven Outcome.

6. **Sequenzielle Muster**: Zahlreiche Befunde deuten darauf hin, dass eine längere Behandlungsdauer mit einem besseren Outcome korreliert.

Die einzelnen Wirkvariablen stehen laut Orlinsky et al. (2013) in komplexer Wechselbeziehung zueinander. Beispielsweise wird das Verhalten der Teilnehmer durch ihre Persönlichkeit und ihrer Auffassung bezüglich ihrer jeweiligen Rollen als Patient und Therapeut bestimmt. Die Art und Weise, sowie die Stärke der therapeutischen Beziehung zusammen mit anderen Einflussfaktoren (z. B. Persönlichkeitseigenschaften, Lebenssituation, Erfahrung und Wissen) üben Einfluss darüber aus, wie und was der Patient dem Therapeuten erzählt, wie der Therapeut das versteht, für welche Interventionen sich der Therapeut entscheidet und wie der Patient auf diese Interventionen reagiert.

3.4 Spezifische Wirkfaktoren

Methoden- bzw. störungsspezifische Techniken gründen nach Wampold (2001) auf ein Störungsmodell, das von umschriebenen Krankheitsentitäten ausgeht, die wiederum auf bestimmte Krankheitsursachen zurückzuführen sind. Das spezifische oder auch medizinische Therapieverständnis hat nach Wampold (2001) folgende Elemente:

1. eine klinische Störung, ein Problem oder eine Beschwerde,
2. eine psychologische Erklärung der Störung, des Problems oder der Beschwerden,
3. eine Theorie zur therapeutischen Veränderung bzw. den Veränderungsmechanismen,
4. spezifische therapeutische Elemente und Strategien und
5. Annahmen zur Spezifität: Spezifische Effekte sollten deshalb ausgeprägter sein als allgemeine Effekte (ebd., S.13-14).

Dieses Modell impliziert bei Patienten mit bestimmten Störungsdiagnosen die Anwendung spezifisch wirksamer Psychotherapieverfahren, praktisch umgesetzt durch spezifische Techniken, die als „Wirkstoffe" fungieren.

Typische Beispiele für Techniken sind: Die Durchführung von Exposition in der Verhaltenstherapie, das Deuten von Übertragungen in der psychoanalytischen Psychotherapie, die Verbalisierung emotionaler Erlebnisinhalte in der Gesprächstherapie, die Technik des leeren Stuhls in der Gestalttherapie oder der Einsatz paradoxer Interventionen in der systemischen Therapie. Auf diesem Krankheits- und Therapieverständnis gründet die evidenzbasierte Medizin. Entsprechend erheben die Anhänger des spezifischen Wirkungsmodells die Forderung nach empirisch fundierten störungsspezifischen Psychotherapieansätzen und treten für Therapieleitlinien und ihre standardisierte Umsetzung mit Hilfe von Therapiemanualen ein (Pfammatter et al., 2012).

3.4.1 Kritik an der Manualisierung

Gegen die zunehmende Manualisierung werden eine Reihe von Kritikpunkten ins Feld geführt. Als grundlegendes Problem gilt, dass die EBM und die erstellten Leitlinien sich auf RCT-basiertes Forschungswissen stützen. RCTs gelten wegen ihres Forschungsdesigns für die Psychotherapie als unpassend. So sind z. B. Doppelblind-Studien in der Psychotherapie nicht realisierbar. Außerdem wird die fehlende externe Validität kritisiert. Die Randomisierung von Patienten widerspricht außerdem der selbstbestimmten und wichtigen „Passungsfindung" (*siehe 4.4.1)* und muss streng genommen als unethisch gelten. Experimentalvariablen gelten zudem als nicht trennbar von kontextuellen „Störvariablen" (siehe Orlinsky et al., 2013; Pfammatter et al., 2012; Tschuschke, 2005).

Kritisiert wird außerdem, dass eine Reduktion der Psychotherapie stattfindet: *"Die psychotherapeutische Wirkung soll ausschließlich auf die manualtreue Applikation einer*

20

störungsspezifischen Therapie an einem monomorbiden Störungsträger zurückzuführen sein" (Helle, 2006, S.215). Die Verfechter der manualgetreuen Behandlung übergehen so die Komplexität des therapeutischen Prozesses inklusive der hohen Komorbiditätsraten. Laut Howard et al. (1996) ist davon auszugehen, dass 56 – 60 % der Psychotherpiepatienten die Kriterien einer komorbiden Störung erfüllen. Durch die Vielzahl kombinatorischer Möglichkeiten ist zudem die Entwicklung spezifischer Therapiemanuale für alle Gruppen von Patienten laut Pfammatter et al. (2012) nicht zu realisieren.

3.4.2 Allgemeine versus spezifische Wirkfaktoren

Bei der Behandlung von Angst- und Zwangsstörungen wird häufig eine Überlegenheit kognitiv-verhaltenstherapeutischer Methoden festgestellt (Pfammatter et al., 2012). Überhaupt zeigen vor allem frühere Metaanalysen einen kleinen, aber konsistenten Vorteil der kognitiven und behavioralen Methoden gegenüber traditionellen verbalen und beziehungsorientierten Therapien (Lambert & Ogles, 2013).

Allerdings sind Ergebnisse, die sich auf dieses Forschungsthema beziehen, grundsätzlich nicht unwidersprochen und lösen reflexartig immer wieder heftige fachliche Zwiegespräche aus. Dabei richtet sich die Kritik oft gegen die Forschungsmethode, die, wenn sie als fehlerhaft dargestellt werden kann, auch gleich die Ergebnisse mit entwertet. Lambert und Ogles (2013) führen drei methodische Artefakte an, die, wenn sie bei der Auswertung von Metaanalysen berücksichtigt werden, die Vorteile der kognitiven und behavioralen Methoden entweder stark minimieren oder aber ganz auflösen. Dazu gehören: *„[…] die Anforderungscharakteristika im Zusammenhang mit spezifischen Messungen* (z.B. wenn Verhaltenstherapiestudien Ergebnismessungen benutzen, die reaktiver auf experimentelle Anforderungen reagieren), *die häufigere Verwendung von Analogdesigns und von leichten Fällen bei bestimmten Behandlungen, sowie die Forscherloyalität zu seiner Psychotherapieschule bzw. seinem Paradigma"* (ebd., S. 283).

Auf der Gegenseite erfolgt ebenfalls Methodenkritik, die aber im Gegensatz dazu, das Dodo-Verdikt in Frage stellt. So wird die geringe Teststärke der meisten Primärstudien kritisiert oder es wird angeführt, dass die metaanalytische Aggregation der Effekte über verschiedene Störungen und Ergebnismaße die eigentlich bestehenden Wirkunterschiede maskieren. Wie ein Totschlagargument wirkt außerdem die Entgegnung, dass für viele Psychotherapieformen gar keine Wirksamkeitsprüfungen vorliegen und somit nicht behauptet werden kann, dass alle Psychotherapieansätze gleich wirksam sind (Pfammatter et al., 2012).

Auch wenn nicht alle Psychotherapieforscher zwischen den Therapieschulen fehlende Wirksamkeitsunterschiede erkennen, zeigen doch ein Großteil der Studien die eher geringe Rolle spezifischer Wirkmechanismen (Lambert & Ogles, 2013).

3.4.3 Der Einfluss spezifischer Interventionen auf spezifische Störungen

Grawe et al. (1994) konnten in ihrer Metaanalyse zeigen, dass Phobien und Zwangsstörungen durch die Technik der *Exposition* im hohen Maße behandelt werden können, wenn die Symptomreduktion als alleiniges Erfolgsmaß gilt. Auch Emmelkamp (2013) kommt aufgrund seiner Sichtung von Metaanalysen und Übersichtsartikeln zu dem Schluss, dass es im Allgemeinen eine Übereinstimmung darüber gibt, das In-vivo-Expositionen einen deutlichen Effekt auf die phobische Symptomatik haben. Das vor allem der Einsatz der Exposition am Erfolg der Verhaltenstherapie bei der Behandlung von Phobien zentral ist, wird von verschiedenen Autoren gestützt (Emmelkamp, 2013; Mohr & Schneider, 2015). Diese Tatsache könnte eventuell dafür verantwortlich sein, dass einige Metaanalysen, wie die von Tolin (2010), eine Überlegenheit der Verhaltenstherapie gegenüber anderen Psychotherapieverfahren bei der Behandlung von Phobien erkennen.

3.4.4 Die Wirkfaktoren psychodynamischer Therapien

Die psychoanalytisch begründeten Verfahren finden ihren Ursprung in der von Sigmund Freud vor über 100 Jahren begründeten Psychoanalyse und umfassen eine Vielzahl von Erklärungsmodellen und Behandlungstechniken, welche im Laufe der Zeit weiterentwickelt oder widerlegt worden sind (Grimmer, Merk & Neukorn, 2011).

Außerdem beziehen die psychodynamischen Verfahren ihre theoretische Fundierung aus den gleichen theoretischen Konzepten (Triebtheorie, Ich-Psychologie, Objektbeziehungs-theorien, Selbstpsychologie sowie intersubjektive Theorien). Zu den psychoanalytisch begründeten Verfahren zählt die analytische Psychotherapie und die tiefenpsychologisch fundierte Psychotherapie, die sich in weitere „Sonderformen" unterscheidet: Kurztherapie, Fokaltherapie, dynamische Psychotherapie und niederfrequente Therapie. Das Gemeinsame dieser Verfahren ist, dass sie *unbewusste* seelische Prozesse und Strukturen sowie deren Auswirkungen im Fühlen, Denken und Handeln zum Gegenstand haben und bei allen spielen die Konzepte Übertragung, Gegenübertragung, Abwehr und Widerstand eine zentrale Rolle. Wobei der Umgang mit diesen in der Praxis von Verfahren zu Verfahren unterschiedlich ausfällt. Die Unterschiede von analytischer und tiefenpsychologisch fundierter Psychotherapie mit all ihren Sonder- und Anwendungsformen bewegen sich in einem Kontinuum innerhalb der psychoanalytisch begründeten Behandlungstechniken und betreffen z. B. den zeitlichen Aspekt (Behandlungsdauer und Frequenz), den Grad der angestrebten Regression des Patienten, die Betonung und Bearbeitung der Übertragungsbeziehung sowie das Ausmaß supportiv-stützenden Faktoren (Stellungnahme zur Prüfung der Richtlinienverfahren gemäß §§ 13 – 15 der Psychotherapie-Richtlinie für die psychoanalytisch begründeten Verfahren, DGPT).

Die Wahl des Behandlungsverfahrens ist abhängig vom angestrebten Behandlungsziel. Die Psychoanalyse z.B. wird mit drei bis vier Sitzungen pro Woche durchgeführt und dauert in der Regel mehrere Jahre. Diese zeitintensive Behandlung wird im Liegen durchgeführt, was regressive Prozesse und das Durcharbeiten der Übertragungsbeziehung ermöglicht, damit neben der Bearbeitung aktueller Konfliktthemen eine grundlegende psychische Strukturänderung erreicht werden kann. Alles, was der Patient an Themen einbringt, ist willkommen und dient der Analyse (Grimmer et al., 2011). Das Charakteristikum der Fokaltherapie sieht demgegenüber ganz anders aus. Diese spezifische Form einer psychodynamischen Kurzzeittherapie enthält maximal 40 Behandlungseinheiten und fokussiert ausschließlich *einen aktuellen Konflikt*. Themen, die der Patient einbringt, die aber nicht mit dem Fokalkonflikt zu tun haben, werden vernachlässigt. Regressiven Tendenzen des Patienten werden möglichst entgegengewirkt, aus diesem Grund wird die Behandlung im Sitzen durchgeführt (Streeck, 2005).

Im Folgenden werden Wirkfaktoren und Techniken vorgestellt, die Teil des theoretischen Grundverständnisses psychodynamischer Verfahren sind. Allerdings sind empirische Wirkungsnachweise dieser einzelnen Wirkvariablen bis auf wenige Ausnahmen nicht vorhanden (Mertens, 2004). Trotz dieser Tatsache wurde zweifelsfrei nachgewiesen, dass psychodynamische Verfahren wirkungsvoll sind (Shedler, 2011; Wissenschaftlicher Beirat Psychotherapie, 2004; Hau, 2005). Interessant in dem Zusammenhang ist, dass verschiedene Studien zeigen (Hau et al. 2015; Antal, 2012), dass in der Praxis der psychodynamischen Behandlung nicht streng nach diesen Wirkprinzipien gearbeitet wird, sondern dass Therapeuten flexibel auch Techniken anderer Verfahren nutzen. Dies lässt durchaus Zweifel darüber aufkommen, ob alle Wirkkonstrukte psychodynamischer Verfahren praxisrelevant sind.

Wirkfaktoren und Techniken psychodynamischer Verfahren:

1. Die **therapeutische Beziehung** ist bei den psychodynamischen Verfahren von zentraler Bedeutung (Faller, 2004) und gilt als bestbestätigter Wirkungsfaktor (Orlinsky et al., 2013). Diese geht aber über die übliche Form einer tragfähigen Arbeitsbeziehung hinaus, da Übertragungs- und Gegenübertragungsaspekte systematisch für die Aufdeckung und Bearbeitung pathogener Beziehungsmuster genutzt werden.

2. Als **Deutungsarbeit** werden die Techniken zusammengefasst, welche Verdrängungen rückgängig und Unbewusstes wieder bewusstmachen sollen. Indem der Patient Einsicht in seine Konflikte gewinnt, soll es ihm möglich werden, eine andere Bewältigungsmöglichkeit zu finden als sie zu verdrängen (Grimmer et al., 2011). Die technische Grundregel der **freien Assoziation** für den Patienten (spontane Einfälle in der Behandlung so offen wie möglich mitteilen) sowie aufseiten des Therapeuten die technische Grundhaltung der **gleichschwebenden Aufmerksamkeit** (Mitteilungen des Patienten möglichst ohne eine Vorauswahl aufnehmen) unterstützen den einsichtsfördernden Prozess. Die Effektivität der **Deutungstechnik** gilt als empirisch wiederholt bestätigt (Faller, 2004).

3. Die **Übertragungs-, Gegenübertragungs- und Widerstandsanalysen** zielen darauf ab, reaktualisierte unbewusste Beziehungsmuster und Konflikte zu bearbeiten. Während sich die Analyse der Übertragung auf die verinnerlichten, pathogenen Beziehungsmuster des Patienten bezieht, werden in der Gegenübertragungsanalyse, die beim Therapeuten ablaufenden, emotionalen Prozesse behandlungstechnisch nutzbar gemacht (Grimmer et al., 2011). Es hat sich herausgestellt, dass mit Übertragungsdeutungen vorsichtig umgegangen werden muss, da ein zu viel sich negativ auf den Therapieoutcome auswirkt (Faller, 2004).

4. Ein weiterer Wirkfaktor ist **die Identifizierung des Patienten mit den Funktionen des Analytikers**. In den psychoanalytischen Objektbeziehungstheorien der 1960er- und 1970er-Jahre wurde die emotionale Neuerfahrung zum Analytiker zum eigentlichen und wichtigsten Wirkfaktor erklärt. Die Kritik an der Unfruchtbarkeit des therapeutischen Nurwissens liegt der Erkenntnis zugrunde, dass es Klienten gibt, die nicht primär unter verinnerlichten Konflikten sondern unter strukturellen Störungen leiden, die ihre Fähigkeit zur Selbststeuerung beeinträchtigen. Strukturelle Störungen entstehen aus sehr instabilen oder missbräuchlichen und traumatisierenden Beziehungserfahrungen in den ersten Lebensjahren (Grimmer et al., 2011).

5. Das bewusste Herbeiführen **regressiver Prozesse** - typisch für die Psychoanalyse – soll zu einer Lockerung der Abwehr des Patienten führen, was den bewussten Zugang zu den zugrundeliegenden unbewussten Konfliktkonstellationen sowie deren damit verbundenen Affekte ermöglicht (Lutz et al., 2010).

6. Das **Durcharbeiten** ist ein technisches Mittel, mit dem das mehrfache Aufgreifen bzw. Bearbeiten eines Konfliktes zur Integration und dauerhaften psychischen Verankerung des erzielten Fortschritts gemeint ist (Stellungnahme zur Prüfung der Richtlinienverfahren gemäß §§ 13 – 15 der Psychotherapie-Richtlinie für die psychoanalytisch begründeten Verfahren, DGPT).

Trotz dieser klar umrissenen Wirkmechanismen zeigt sich bei näherer Betrachtung, dass weder diese Wirkfaktoren allein Teil des psychodynamischen Konzeptes sind, noch psychodynamische Praxis allein auf diese Konstrukte aufbaut.

Ein Grundbaustein der Psychoanalyse und damit allgemein der psychodynamischen Verfahren ist die *therapeutische Abstinenz* oder auch *technische Neutralität.* Diese Haltung steht konträr zu supportiven Handlungen. Deshalb mutet der 4. Wirkfaktor, *Identifizierung des Patienten mit den Funktionen des Analytikers,* welcher stark an der Methodik *des Modelllernens* der Verhaltenstherapie erinnert (siehe 3.4.5), fast schon revolutionär an. Stützende Therapieformen galten in der Psychoanalyse lange Zeit als verpönt, da man annahm, dass sie zu keiner strukturellen Veränderung führen würden (Mertens, 2005). Supportive Techniken, welche typisch für die Verhaltenstherapie sind, finden sich also auch bei psychodynamischen Verfahren wieder. Vor allem sind psychodynamische Therapeuten gezwungen, die technische Neutralität bei schweren Pathologien zugunsten von stützenden Interventionen immer wieder aufzugeben, um beispielsweise Selbstverletzungen vorzubeugen (Hau et al., 2015).

Wie schon erwähnt, umfasst die psychodynamische Therapieform vielfältige Theorien und Konzepte, die Aufgrund präziserer Ausarbeitungen und stetiger Weiterentwicklung entstanden sind. Zunehmend bedient sie sich dabei anderer Disziplinen. Sie bezieht laut Streeck (2005) Annahmen aus der Lerntheorie oder Sozialpsychologie mit ein oder nutzt Konzepte aus der Systemischen Therapie. Umgekehrt nutzt die Verhaltenstherapie Wirkfaktoren, die eigentlich den psychodynamischen Verfahren zugeordnet werden (siehe 3.4.5). Eine Studie von Hau et al. (2015) bei der Wirkfaktoren von psychodynamischen und kognitiv-verhaltenstherapeutischen Verfahren miteinander verglichen wurden, zeigte das einsichtsorientierte Techniken unabhängig von der Psychotherapiemethode eher in den Anfangs- und Endstunden eingesetzt wurden. Dies könnte darauf hinweisen, dass in der Mitte der Therapien andere Inhalte und Interaktionen zwischen Therapeuten und Patienten von größerer Bedeutung sind. Eine andere Erkenntnis dieser Studie ist überraschender. Nämlich wurden einsichtsorientierte Techniken in den kognitiv-verhaltenstherapeutischen Verfahren häufiger eingesetzt als bei den psycho-dynamischen Verfahren, abgesehen von der Psychoanalyse, bei der deutlich häufiger einsichtsorientierter vorgegangen wurde (ebd.). Unabhängig von einem „mehr oder weniger" lässt sich festhalten, dass auch bei diesem wichtigen psychodynamischen Wirkfaktor keine klare Abgrenzung von der kognitiv-verhaltenstherapeutischen Therapie mehr möglich ist.

Das supportiv und einsichtsorientiert in der Verhaltenstherapie sowie in der psychodynamischen Therapie vorgegangen wird, kann der Tatsache geschuldet sein, dass eine Ausweitung der jeweiligen Erklärungstheorien stattgefunden hat. Aber es könnte auch möglich sein, dass Theorie und Praxis immer schon auseinanderklafften. Dadurch, dass die Therapeuten ihr Vorgehen von der jeweiligen Situation und nicht aus einem Schulen-Dogmatismus heraus betrieben, ist erkennbar, wie wichtig intuitives flexibles Handeln für die therapeutische Praxis ist.

Auch wenn es zunehmend mehr Effektivitäts-Studien gibt und diese entweder die verhaltens- oder die psychodynamische Therapie favorisieren, scheinen die Psychotherapie-forscher im Allgemeinen nicht mehr am Dodo-Verdikt rütteln zu wollen. Anders verhält es sich z. B. bei der Wirkungsdauer. Shedler (2011), der einige Metaanalysen hinsichtlich der Effektivität psychodynamischer Verfahren miteinander verglich, stellt fest, dass *„[...] die Vorteile psychodynamischer Therapie nicht nur andauern, sondern mit der Zeit zunehmen; ein Ergebnis, das jetzt in wenigstens 5 unabhängigen Metaanalysen zu finden ist"* (ebd. S. 269). Den Vorteil der langfristigen Wirkung war in den Metaanalysen vor allem bei den Persönlichkeitsstörungen zu finden. Der Autor erklärt sich das damit, dass speziell Veränderungen der Reflexionsfähigkeit und Bindungsorganisation durch die psychodynamischen Therapien im Vergleich zu Verhaltenstherapien erreicht wurden. Aber auch hier ist fraglich, inwieweit diese Ergebnisse Gewicht haben.

So findet sich im „Lehrbuch der Verhaltenstherapie" von Margraf & Schneider (2009) eine Effectiveness-Studie aus der Schweiz, nach der der langfristige Behandlungserfolg psychodynamischer Therapien deutlich hinter der der kognitiv-behavioralen-Therapien rangiert

(Margraf, 2009b). Der Autor lässt darüber hinaus keinen Zweifel erkennen, das die Verhaltenstherapie in dieser Sache nicht überlegen wäre.

Ein Faktor, welcher ebenfalls für den therapeutischen Outcome wichtig sein könnte, betrifft die unterschiedliche Klientel, die sich den jeweiligen Therapierichtungen zuordnen lassen. Eine Langzeit-Psychotherapiestudie von Brockmann, Schlüter und Eckert (2001) verglich verhaltenstherapeutische Langzeittherapien (im Durchschnitt 63 Sitzungen) mit psychoanalytischer Langzeittherapie (185 Sitzungen) und wurde in einem naturalistischen Design durchgeführt. Beide Therapieformen zeigten sich gleich effektiv. Interessant waren die Unterschiede bei den Merkmalen der Patienten: Diejenigen, die eine Psychoanalyse begannen, hatten einen höheren Bildungsstand, eine geringere Symptombelastung, nahmen weniger Medikamente und kamen weniger durch ärztliche Überweisung zum Psychotherapeuten als Patienten, die eine Verhaltenstherapie aufnahmen.

Zusammenfassend ist zu sagen, dass trotz des vorhandenen Markenkerns der psychodynamischen Verfahren, welcher im Besonderen von der Psychoanalyse repräsentiert wird, sich psychodynamische Verfahren nicht so klar von der Verhaltenstherapie abgrenzen, wie es zu erwarten wäre. Vielmehr verändert sich der Grundcharakter und damit auch die Wirkmechanismen der psychodynamischen Verfahren in Praxis und Theorie fortlaufend. Studien, die die Effektivität der einzelnen psychodynamischen Wirkfaktoren untersuchen, sind rar. Hier besteht Forschungsbedarf. Auch wäre interessant zu erfahren, ob bestimmte psychodynamische Techniken mit speziellen Störungsbildern korrelieren. Zumindest scheinen spezifische Klientencharakteristika, wie z.B. der Bildungsstand, über die Auswahl der Therapiemethode mitzuentscheiden. Auch hier zeigt sich ein interessantes Forschungsthema.

3.4.5 Die Wirkfaktoren der Verhaltenstherapie

Die Verhaltenstherapie gilt laut ihren Verfechtern, als „[...] *die mit Abstand am besten belegte psychotherapeutische Grundorientierung mit umfangreichem Wissen zu Ätiologie, Diagnostik und Therapiewirkungen*" (Margraf, 2009b, S.42). Eine besondere Bedeutung in der Verhaltenstherapie besitzen Therapieprogramme für spezifische Störungen. Sie bestehen aus verschiedenen Therapiemodulen und liegen häufig in manualisierter Form vor. Es gibt bereits eine Vielzahl von Manualen für spezifischen Störungen (Herwig-Kröner, 2004). Die Manualisierung wurde bereits in *Punkt 3.4.1* kritisch betrachtet.

Ein Merkmal, das bisher allerdings noch nicht diskutiert wurde, betrifft die Durchlässigkeit, die die Verhaltenstherapie gegenüber anderen theoretischen Einflüssen aufweist. So lässt sich die VT ebenso wie die psychodynamischen Verfahren mittlerweile nicht mehr als klar umrissene Therapiemethode begreifen, welche auf ein einziges theoretisches Modell zurückgeführt werden kann. Da sie sich als Anwendung der empirisch-experimentellen Psychologie und ihrer Nachbardisziplinen versteht, bezieht sie grundsätzlich alle Methoden, die empirisch gestützt sind, in ihr Grundverständnis mit ein. Aus dem Grund umfasst die Verhaltenstherapie eine breite Gruppe von Methoden und Techniken (Stellungnahme des Wissenschaftlichen Beirats Psychotherapie nach § 11 PsychThG zur Verhaltenstherapie, 2004).

Diese Offenheit war nicht immer gegeben, denn obwohl laut Margraf (2009b) mit der Entstehung der Verhaltenstherapie „[...] bereits der Kern der künftigen breiten Grundorientierung [...]" (ebd., S.17) vorhanden war, machte es die längere Zeit vorherrschende herausfordernde Position, der Verhaltenstherapeuten gegenüber anderen Psychotherapien schwer, identitätsstiftende Grenzen aufzugeben (ebd.). Diese Grenze wurde um die behavioralen Ansätze (klassische sowie operante Konditionierung) gezogen, die als historische Wurzeln der Verhaltenstherapie gelten.

Der Begriff operante Konditionierung wurde von Skinner geprägt. Er fand heraus, dass Verstärker für die Auftretenswahrscheinlichkeit von Verhalten verantwortlich sind. Verstärker sind es dann auch, die im Sinne der operanten Konditionierung als Wirkfaktoren fungieren. Unterschieden werden in dem Zusammenhang die positive Verstärkung (Belohnung), bei der ein angenehmer Reiz auf das erwünschte Verhalten folgt, von der negativer Verstärkung (unangenehmer Reiz/ Bestrafung), bei der ein aversiver Reiz beendet wird, oder ausbleibt, wenn das erwünschte Verhalten gezeigt wird. Negative Verstärkungen können sich in dem Sinne als aufrechterhaltende Faktoren einer Störung präsentieren. So gilt phobisches Vermeidungs-verhalten als besonders beständig, da es durch die Reduktion von Angst negativ verstärkt wird (Michael & Ehlers, 2009).

Die Methode der Verstärkung erwünschter und Löschung unerwünschter Verhaltensweisen wurde ursprünglich in psychiatrischen Institutionen angewendet (z. B. mit Token Economies, oder mit Strategien des Verhaltens-Shapings oder –Chanings), um eine Kompetenzerweiterung bei geistig Behinderten und chronisch psychisch Kranken zu erreichen (selbstständiges Essen, Körperpflege etc.) und findet heute noch Anwendung. Fremdverstärkungen spielen auch in anderen Anwendungsbereichen der Verhaltenstherapie eine große Rolle, vor allem in der Anfangsphase der Therapie. Später wird dazu übergegangen *selbstverstärkendes Verhalten* zu fördern. *Aversive Konditionierung* wird aufgrund ethischer Fragwürdigkeit und begrenzter Wirksamkeit heute allerdings kaum noch verwendet (Herwig-Kröner, 2004). Auch außerhalb des engen klinischen Bereiches spielen operante Methoden eine wichtige Rolle, wie in der Verhaltensmedizin speziell im Bereich der Prävention von Risikofaktoren (Rauchen, Ernährung oder Bewegung) zu sehen ist (Reinecker, 2005).

In den 1960er und 70er Jahren zeigte sich eine beginnende Unzufriedenheit mit den strikt behavioralen Grundsätzen, den „mechanistischen Begrifflichkeiten". Es wurde bemängelt, dass nicht alle Personen mit einem schmerzhaften oder traumatischen Ereignis eine Störung entwickeln oder sich nicht alle Stimuli gleich gut konditionieren lassen (Ängste vor Spinnen treten z. B. häufiger auf als Ängste vor Messern). Diese und weitere Kritikpunkte führten unter anderem zu einer Weiterentwicklung der Lernpsychologie. So konnte nachgewiesen werden, dass z. B. *Kontextbedingungen* und *genetische Einflüsse* bei Konditionierungsprozessen eine wichtige Rolle spielen. Außerdem entstand eine neue Richtung in der Verhaltenstherapie: *Das Modelllernen* (Margraf, 2009b). Hier lernt das Individuum allein dadurch, indem es eine andere Person beobachtet. Modelllernen kann dazu genutzt werden, Verhaltensweisen zu vermitteln, die bisher nicht im Repertoire des Klienten vorhanden waren. Typisch sind *sprachliche Fähigkeiten* oder auch *interpersonale Fähigkeiten*, welche sehr gut durch Gruppentherapie vermittelt werden können (Reinecker, 2005). Modelllernen wird darüber hinaus in allen Situationen gefördert, in denen Therapeut und Patient sich gemeinsam befinden (Angstkonfrontationsübungen im Kaufhaus, Kontaktdesensibilisierung) und der Therapeut selbst „funktionales" Verhalten zeigt (Herwig-Kröner, 2004). Laut Reinecker (2005) fungiert der Therapeut grundsätzlich als Modellperson, unabhängig davon, ob er sich dessen bewusst ist oder nicht. Darum sollte nicht unterschätzt werden, dass Patienten vielfach auch Einstellungen, Werte und Normen des Therapeuten übernehmen.

Die Methoden des Modelllernens sind nahe der klassisch-operanten Methoden und sind mit dem Namen Bandura eng verbunden. Er war es auch, der das Modell der *Selbstregulation* „*self efficacy*" entwickelte und so die „kognitive Wende" in der Verhaltenstherapie auslöste (Margraf, 2009b). Denn für die Selbstregulation ist die *Überzeugung* einer Person in die eigenen Fähigkeiten wichtig. Damit rücken kognitive Prozesse in den Vordergrund. Das Stärken der

Selbstkontrolle gilt in der Therapie als sehr wichtig, da es das Ziel jeder Psychotherapie ist, den Klienten möglichst selbstständig und unabhängig von professioneller Hilfe zu machen. Es können nach Reinecker (2005) drei Methoden der Selbstkontrolle unterschieden werden:

1. **Die Selbstbeobachtung**: Entscheidende Merkmale intra- und interpsychischer Prozesse werden beobachtet und (z. B. gedankliche Abläufe, Verhaltensweisen) und registriert (z.B. durch kurze Notizen). Das Ziel ist die *Datengewinnung* aber auch ein *reaktiver Effekt,* der durch die Selbstbeobachtung auftritt und das Verhalten zum Ziel hin verändern kann.

2. **Die Stimuluskontrolle:** Die Kontextbedingungen des zu verändernden Verhaltens werden umgestaltet (z.B. der Verzicht auf den Besuch eines Gasthauses oder das Unterlassen des Kaufs von Zigaretten). Kognitive Prozesse sind hier ein wichtiger Bereich, da mit Hilfe von Selbstkontrollstrategien wie *Selbstinstruktionen* oder *Selbstverbalisationen* das Verhalten beeinflusst wird.

3. **Kontingenzkontrolle:** Erwünschte Verhaltensweisen werden gefördert und verstärkt. Mit dem Unterschied zu rein operanten Verfahren kann dies auch durch Selbstverstärkung geschehen, z.B. durch *Selbstlob* oder indem ein Klient *einen Vertrag mit sich selbst* abschließt (ebd., S.291-292).

Durch diese neuen Entwicklungen wurden die Grundannahmen der behavioralen Methoden zwar relativiert, aber nicht widerlegt und so verfestigte sich die Stellung der Lernpsychologie als wichtiger Teil der Verhaltenstherapie vor allem aufgrund operanter Verfahren, die heute in der psychotherapeutischen Praxis eine große Rolle spielen. Neben den o*peranten Verfahren* waren es wie schon erwähnt zunehmend die *kognitiven Therapieverfahren*, die in der Verhaltenstherapie seit der „kognitiven Wende" einen starken Einfluss ausübten. Die kognitive Wende kann zudem auch als Treffpunkt einiger Gegensätze verstanden werden: z.B. triviale Maschine vs. nichttriviale Maschine (Uexküll & Wesiack, 2011) oder auch behaviorales Modell vs. psychodynamisches Modell. Das Subjektive positioniert sich neben den objektiv beobachtbaren Phänomenen.

Das Ziel der *kognitiven Therapieverfahren* ist es, neue Strategien der Informationsverarbeitung zu vermittelt und dysfunktionale Denkmuster zu verändert (Hollon & Beck, 2013). Folgende kognitive Ansätze sind laut Reinecker (2005) dabei zentral:

1. **Verdeckte Verfahren:** Interventionen, die im Kopf des Klienten ablaufen. So wird z.B. eine bedrohliche Situation in Gedanken mit positiven Vorstellungen verknüpft (verdecktes Gegenkonditionieren).

2. **Methoden der kognitiven Umstrukturierung:** a) *Das Prinzip der kognitiven Therapie nach A.T. Beck* versucht die negative Sichtweise des Klienten auf sich selbst, der Umwelt und der Zukunft zu verändern und dadurch problematische Verhaltensweise zu verändern. b) *Die Rational-Emotive-Therapie – RET nach E. Ellis* hat zum Ziel irrationale Annahmen des Klienten in rationale Annahmen umzuwandeln z.B. mit Hilfe des sokratischen Dialogs. c) Durch den *inneren Monolog nach D. Meichenbaum* soll mit Hilfe formelhafter Sätze (gesprochen oder gedacht) ein Zielverhalten verstärkt werden.

3. **Training als Problemlösen:** Einzelne Schritte einer Zielerreichung bestehen aus Identifikation und Beschreiben eines Problems, Erstellung von Lösungswegen, Treffen einer Entscheidung und der Prüfung, ob das Ziel erreicht worden ist (ebd., S. 293-299).

Die *kognitiven-* und *behavioralen Ansätze,* die beiden Hauptströmungen der Verhaltenstherapie, wurden noch bis weit in die 1970er Jahre hinein als getrennte „Schulen" angesehen. Mittlerweile gelten diese Grenzen als überwunden (Margraf, 2009b). Insofern wird heute vielfach der Begriff *kognitiv-behaviorale Therapie* anstatt Verhaltenstherapie benutzt. *Modelllernen* und *Selbstregulation* stellen die Brücken zwischen diesen Methoden dar. Allerdings sind die theoretischen Fundierungen dieser 4 Methoden ineinander verwoben, denn Kognitionen und Verhalten sind schwer trennbar. Es ist davon auszugehen, dass jede verhaltenstherapeutische Technik durch ihre bewusste Fokussierung mehr oder weniger eine der beiden Grundsätze in den Vordergrund rückt.

Mittlerweile gibt es zahlreiche weitere Strömungen, die den Kosmos der Verhaltenstherapie weiter ausdehnen. Dazu gehören z.B. *konstruktivistische Theorien* (Lutz et al., 2010), *persönlichkeitspsychologische-* (Grob, 2009), sowie *biologische Einflüsse (*Pauli, Rau & Birbaumer, 2009), außerdem eine Vielzahl von Verfahren mit ihren dazugehörigen Theoriemodellen, wie *Tabelle 3* zeigt.

Tabelle 3

Übersicht über verhaltenstherapeutische Verfahren (Margraf et al., 2009b, S.499-707).

Verhaltenstherapeutische Verfahren	Die Verfahren im Einzelnen	Theoriemodell/ Wirkmechanismus
Entspannungsverfahren	Progressive Relaxation, Autogenes Training, Meditation und Yoga	Kognitive Prozesse, Kl. Konditionierung, Erwartungshaltung
Systematische Desensibilisierung	Systematische Desensibilisierung, Implosion, Angstbewältigungsprogramme, Selbstinstruktionstraining nach Meichenbaum	Klassisch operante Lernmechanismen, Gegenkonditionierung, Extinktionsprozesse, Habituationsprozesse
Konfrontationsverfahren (Expositionsverfahren)	Graduierte In-vivo-Konfrontation, Flooding	Klassisch operante Lernmechanismen, Gegenkonditionierung, Extinktionsprozesse, Habituationsprozesse
Klinische Hypnose	Symptomorientierte Hypnotherapie, Konfliktorientierte Hypnotherapie	Kognitive Prozesse
Euthyme Therapie	Die kleine Schule des Genießens	Kognitive Umstrukturierung, operante Lernmechanismen, Aufmerksamkeitsfokussierung
Achtsamkeit	Achtsamkeitsanaloge Ansätze, achtsamkeitsinformierte Ansätze, achtsamkeitsbasierte Ansätze (MBSR und MBCT)	Selbstbeobachtung
Rollenspiele	Diagnostisches Rollenspiel, Psychodrama	Lernmethoden wie operantes Lernen, Lernen am Modell, Hemmung respondenter emotionaler Reaktionen und Konfrontation
Training sozialer Kompetenz	Social Skills Trainings, multimodale Trainings	Kognitive Umstrukturierung, operante Lernmechanismen
Kommunikations- und Problemlösetraining	Couples Relationship Enhancement, Personal Effectiveness Training, Freiburger Stresspräventionstraining	Kognitive Prozesse, operante Lernmechanismen, Lernen am Modell
Kognitive Verfahren	Rational-emotive Verhaltenstherapie von Ellis, kognitive Verhaltenstherapie von Beck, Methoden der Stressbewältigung von Meichenbaum, kognitive Prozesse, operante Lernmechanismen	Kognitive Prozesse, operante Lernmechanismen
Selbstmanagement	Selbstmanagement	Kognitive Lerntheorien, evolutionärer und kultureller Hintergrund, Prinzipien der Hierarchie und Interaktion, motivationale Aspekte, Funktion der Sprache

Schematherapie	Schematherapie	Bindungstheorie, Stresskonzepte, kognitive Theorie, psychodynamische Konzepte, Gestalttherapie, Interpersonelle Therapie, kognitiv-behavioral, Transaktionsanalyse
Operante Verfahren	Basiselemente der kognitiven Verhaltenstherapie (Einsatz von Verstärkern), Therapieprogramme für spezifische Patientengruppen: (z. B. Essgestörte)	Klassisch operante Lernmechanismen
Habit-Reversal-Training	Habit-Reversal-Training	Selbstaufmerksamkeit, Klassisch operante Lernmechanismen, Veränderungsmotivation
Biofeedback	Biofeedback	Klassisch operante Lernmechanismen, Rückmeldung, Regelkreismodell

Diese Tabelle wurde vom Autor auf Grundlage des Fachbuchs „Lehrbuch der Verhaltenstherapie" (Margraf et al., 2009b) erstellt.

Die hier dargestellten Verfahren werden störungsübergeifend angewendet und der Verhaltenstherapeut sollte diese laut Margraf (2009b) „[...] flexibel in den jeweiligen Behandlungsplan einfügen" (ebd., S. 10). Bei der Betrachtung der in der *Tabelle 3* aufgeführten Verfahren zeigen sich einige Auffälligkeiten. Lernmechanismen und kognitive Prozesse werden bei fast jedem Verfahren explizit erwähnt und müssten streng genommen bei jedem Verfahren auch bei psychodynamischen Therapien als Wirkmechanismen fungieren. Trotz der nachgewiesenen Wirksamkeit ist es bei einigen Verfahren nicht klar, welche Wirkprinzipien genau zum Tragen kommen (Maercker & Weike, 2009; Michael & Ehlers, 2009). Das gilt auch für die kognitive Therapie, bei der laut Jong-Meyer (2009) nicht klar ist, ob es eher die verhaltensübenden oder kognitionsverändernden Komponenten sind, die wirken, oder ob diese additiv bis synergistisch wirken.

Des Weiteren bedient sich, wie eingangs erwähnt, die Verhaltenstherapie verschiedener Konzepte, die aus ganz anderen Richtungen kommen. Die „Achtsamkeit" ist zum Beispiel eine Meditationstechnik aus der buddhistischen Tradition (Heidenreich & Michalak, 2009). Meditation selbst sowie Yoga (aus dem indischen Raum) sind zudem eigenständige Entspannungsverfahren in der Verhaltenstherapie (Maercker & Krampen, 2009). Hypnose ist in ihrem Ursprung nahe der Psychoanalyse (Revenstorf, 2009) und auch die Schematherapie, welche eine ganze Bandbreite unterschiedlicher theoretischer Prinzipien in sich vereint, nutzt psychodynamische Konzepte (Berbalk & Young, 2009).

Dass die Flexibilität in der Auswahl der Behandlungsmethode nicht nur theoretisch möglich, sondern auch praktisch von den Therapeuten umgesetzt wird, zeigt die Studie von Hau et al. (2015): *„Die Ergebnisse verdeutlichen, dass erfahrene Therapeuten nicht nur der eigenen Methode treu bleiben, sondern auch Techniken anderer psychotherapeutischer Schulen benutzen. Dabei werden vor allem in der KVT neben verhaltenstherapeutischen Techniken auch psychoanalytische Techniken verwendet"* (ebd., S. 44).

Zusammenfassend lässt sich sagen, dass die Verhaltenstherapie sich zunehmend zu einer Therapieform entwickelt, die einer allgemeinen Psychotherapie nach Grawe nahezukommen scheint. Zumindest betrifft das die theoretische Breite, die die VT mittlerweile innehat. Diese Offenheit birgt den Vorteil der Flexibilität, da dem Therapeuten eine Vielzahl von Werkzeugen zur Verfügung stehen. Kritisch zu sehen ist nach wie vor die immer stärker werdende Manualisierung in der VT.

3.4.6 Die Wirkfaktoren der Gruppentherapie

Die Bezeichnung Gruppenpsychotherapie tragen äußerst unterschiedliche Behandlungsmodelle. Dementsprechend weißt die Literatur eine Vielzahl verschiedener Definitionen auf. Theoretische Prinzipien, auf denen Gruppenformate beruhen, stammen nicht nur aus dem klinischen Bereich, sondern auch aus der Persönlichkeitstheorie, der Feldtheorie, der Sozialpsychologie sowie der Systemtheorie. Nahezu jeder psychotherapeutische Ansatz hat sich in der Gruppentherapie manifestiert. Diese theoretischen Prinzipien lassen sich in zwei Gruppen einteilen. 1. Die Behandlungsarten, die therapeutische Wirkprinzipien betonen, die allein dem Gruppenformat eigen sind und 2. die strukturierten Gruppenformate, die aus Behandlungskonzepten hervorgegangen sind, die ursprünglich in Einzeltherapien durchgeführt wurden (z.B. KVT für Major Depression) (Burlingame, MacKenzie & Strauß, 2013).

Eine der häufigsten Fragen, die im Zusammenhang mit der Wirksamkeit von Gruppentherapien gestellt wird, ist die, ob es Wirkunterschiede zwischen Einzel- und Gruppentherapien gibt. Anhand der Ergebnisse, der bisherigen Metaanalysen kommen Strauß und Burlingame (2012) zu dem Schluss, dass Gruppentherapien generell zu bedeutsamen Effekten führen und vergleichbar sind mit den Effekten von Einzeltherapien.

Außerdem zeigen Strauß & Burlingame (2012), dass Gruppenpsychotherapien, wenn sie als primäre Behandlungsstrategie ausgewählt wurden, sehr gute bis exzellente Evidenz bei *Bulimie* sowie bei *sozialer Phobie* und gute bzw. vielversprechende Ergebnisse für *Panikstörungen* und *Zwangsstörungen* aufweisen. In Behandlungsprogrammen, in denen die Gruppe eine von mehreren Bestandteilen darstellt, wie es z. B. in Verbindung mit Pharmakotherapien oder Einzeltherapien der Fall ist, liegen laut den Autoren exzellente Evidenz bei *Schizophrenie* und *Krebserkrankungen* und gute Evidenz für Gruppen mit *HIV-Infizierten*, *homogenen Gruppen von Patienten mit Persönlichkeitsstörungen* und *Opfern sexueller Übergriffe* vor.

Insgesamt ist allerdings beim Thema Gruppentherapie ein Forschungsdefizit erkennbar. Laut Strauß, Eckert und Tschuschke (1996) wird der empirisch wissenschaftliche Zugang durch die unterschiedlichen Konzeptualisierungen der verschiedenen Therapierichtungen erschwert. Außerdem sind Psychotherapiestandards für empirisch experimentelle Ansätze im gruppenpsychotherapeutischen Feld oft schwer umzusetzen (ebd.).

Der ökonomische Aspekt der Gruppentherapie wird oft besonders hervorgehoben (z. B. Köhlke, 2000; Tschuschke & Anbeh, 2008). Strauß und Burlingame (2012) reagieren jedoch weniger euphorisch bezüglich der ökonomischen Vorteile von Gruppentherapien, und verweisen auf widersprüchliche Ergebnisse der bisher publizierten Studien und kritisieren, dass bei vielen Untersuchungen die Operationalisierung der Kostenkalkulation sowie die Studienqualität verbesserungswürdig sind. Dennoch ist der ökonomische Aspekt der Gruppentherapie unverkennbar, lassen sich doch mehrere Personen gleichzeitig behandeln. Aus diesem Grund ist das Gruppenformat recht attraktiv, was sich vor allem laut Tschuschke und Anbeh (2008) dadurch zeigt, dass Gruppentherapien international sehr häufig eingesetzt werden: "*In stationärer Psychiatrie, stationärer Psychotherapie-und Psychosomatik- sowie Rehakliniken und ambulanten Settings werden weltweit ca. 30-40% aller Psychotherapiepatienten in Gruppen behandelt*" (ebd., S.15). Speziell im stationären Bereich trifft diese hohe Akzeptanz auch in Deutschland zu, allerdings herrscht in der ambulanten Versorgung eine eher geringe Inanspruchnahme.

Laut Tschuschke und Anbeh (2008) ist der Grund dafür, dass ein erheblich administrativ-organisatorischer Aufwand notwendig ist, um eine Gruppe zu bilden. Köhlke (2000) beklagt, dass die Rahmenbedingungen in den Psychotherapie-Richtlinien und die EBM-Ziffern für

Gruppentherapie als Kassenleistung völlig inadäquat, nicht praxisgerecht und legenden- und honorarsezifisch nicht durchdacht sind und fordert aufgrund des erheblichen Mehraufwandes im Vergleich zu Einzeltherapien „eine angemessene Kassenleistung".

Dieser Einwand kann auch ein anderes Problem aufzeigen. So bemengeln Tschuschke und Anbeh (2008) die Bereitschaft der Psychotherapueten, sich in Gruppenpsychotherapie weiterzubilden. Die langen Ausbildungswege oder ganz allgemein der Respekt davor, eine Gruppe zu leiten, können weitere Gründe dafür sein. Die Autoren bedauern diesen Umstand, da neben ökonomischen Aspekten auch Wirkfaktoren in der Gruppentherapie zum Tragen kommen, die in der Einzeltherapie nicht vorhanden sind.

Diese gruppenspezifischen Wirkfaktoren greifen besonders gut bei Klienten mit Schwierigkeiten im interpersonalen Bereich. Als Beispiel können *Borderline-Patienten* genannt werden, auf die eine Kombination aus Einzel- und Gruppentherapie sehr gut anspricht. Viele Therapeuten berichten, dass Borderline-Patienten die Intensität und Nähe einer Einzelbehandlung nur schwer ertragen können, weshalb eine Einzeltherapie besonders schwierig ist. Eine der Hauptvorteile, die eine Therapiegruppe für die Behandlung eines Borderline-Patienten bieten kann, ist die wirksame Realitätsprüfung, die durch den dauernden Strom von Feedback und Beobachtungen der anderen Gruppenmitglieder erfolgt. Allerdings stellen diese Patienten eine außerordentliche Herausforderung für den Gruppentherapeuten dar (Yalom,1995).

Arbeiten Therapeuten bewusst mit diesen Wirkfaktoren, so kann diese Art der Psychotherapie als Prozessgruppe oder auch *process group* bezeichnet werden. Hier steht die therapeutische Umgebung im Vordergrund. So wird dem interpersonellen und interaktionellen Gruppenklima ein hoher Wert beigemessen, da davon ausgegangen wird, dass die Gruppe der Motor jeder Veränderung ist (Burlingame et al., 2013). Ein bedeutender Vertreter dieser prozessorientierten Gruppenpsychotherapie ist Irvin D. Yalom. Eine Übersicht von Wirkfaktoren, welche im gruppentherapeutischen Kontext nach Yalom (1999) wirken, wird wiederholt in verschiedenen Publikationen zitiert:

1. Hoffnung einflößen
2. Universität des Leidens
3. Mittteilung von Informationen
4. Altruismus

5. Korrigierende Rekapitulation der primären Familiengruppe
6. Entwicklung von Techniken des mitmenschlichen Umgangs
7. Nachahmendes Verhalten
8. Interpersonales Lernen
9. Gruppenkohäsion
10. Katharsis
11. Existentielle Faktoren (ebd., S.21)

Viele dieser Wirkfaktoren können nicht oder nicht so intensiv in Einzeltherapien auftreten. Z.B. treten die Wirkfaktoren *Gruppenkohäsion* und *Universität des Leidens* nur in Gruppensituation auf und *Karthasis* und die *Mitteilung von Informationen* bzw. *Selbstöffnung* haben in der therapeutischen Gruppe eine ganz andere Wirkung (Tschuschke & Anbeh, 2008). Yalom bezeichnet die Auflistung dieser Wirkfaktoren als provisorische Leitlinien. Die Forderung von ihm, dass andere Forscher diese von ihm bezeichneten *therapeutic factors* überprüfen und erweitern sollen, ist bisher in der Forschungslandschaft nahezu verhallt. Burlingame et al. (2013) merken an, dass „[...] *diese gruppenbasierten Prinzipien weder in einer geradlinigen noch in einer einheitlichen Weise untersucht worden sind*" (ebd., S. 1033). Gruppenspezifische Forschungsinstrumente sind jedenfalls in einer Vielzahl vorhanden, wie Strauß et al. (1996) zeigen.

Typisch für den Gruppenkontext ist die Übernahme von Gruppenrollen. Auf den Gruppenleiter (wenn er denn mit den gruppentypischen Wirkmechanismen arbeiten will) kommt die Aufgabe zu, die Verharrung Einzelner in bestimmten Gruppenrollen allmählich bewusst zu machen und einer Bearbeitung zuzuführen. Die typischen Gruppenrollen wie Alpha- (Gruppenführer), Beta- (Fachmann), Gamma-(Mitglied) und Omega-Position (Gruppenaußenseiter) sind in Kleingruppen allgegenwärtig und es ist im Gegensatz zu Einzeltherapien möglich, diese für die therapeutische Arbeit zu nutzen (Tschuschke et al., 2008).

Neben den prozessorientierten Behandlungsansätzen behaupten sich, wie eingangs erwähnt, auch die schulen-spezifischen Behandlungsmodelle in der Gruppentherapie. Diese Gegenüberstellung suggeriert, dass entweder das eine oder andere Prinzip zum Tragen kommt. Hingegen muss man zur Kenntnis nehmen, dass egal wie eine Gruppentherapie konzipiert ist, grundsätzlich gruppentypische Faktoren eine Rolle spielen.

Burlingame et al. (2013) tragen dieser Tatsache Rechnung, indem sie die Konzeptualisierung von Gruppenbehandlungen weiter fassen. In ihrem Modell sind neben dem besagten *formalen Behandlungsansatz* und dem *Prozessansatz* noch drei weitere Faktoren integriert, die untereinander in Wechselbeziehung stehen. Es handelt sich dabei um *strukturelle Merkmale, Therapeutenmerkmale* und um *Patientenmerkmale.*

Jedoch wurde der Einfluss von Persönlichkeitsmerkmalen des Gruppenleiters bisher kaum systematisch untersucht. Das gleiche gilt für Strukturelle Aspekte. So gibt es nur wenige Studien, die beispielsweise zwischen offenen und halboffenen Gruppen differenzieren (Strauß & Burlingame, 2012).

Bei Betrachtung der Wirkmechanismen der Gruppentherapie muss an dieser Stelle auf die hohen Drop-Out-Raten und die erhöhte Gefahr von negativen Effekten im Vergleich zu Einzeltherapien hingewiesen werden. Diese Tatsache ist unter anderem den gruppendynamischen Prozessen geschuldet, bei denen die Zusammenstellung der Gruppe Bedeutung erlangt. So gibt es Ausschlusskriterien wie noch in Punkt 4.5.3 zu sehen sein wird. Im Gegensatz dazu, gibt es wenig empirische Evidenz über die persönlichen Voraussetzungen die ein Klient mitbringen muss, um besonders von einer Gruppentherapie zu profitieren (sieht man von den Störungsbildern ab). Nach Yalom (1995) sagen folgende Klienten-Variablen ein gutes Therapieergebnis voraus: *positive Erwartungen, Selbstoffenbarung, Aktivität in der Gruppe, Fähigkeit zur Introspektion* und bezugnehmend auf die Arbeit mit Borderline-Patienten, ein gewisses Maß an *Kritikfähigkeit.*

Insgesamt bleibt festzuhalten, dass obwohl Gruppentherapie ähnlich effektiv wie Einzeltherapie ist und sie im klinischen Bereich häufig eingesetzt wird, Gruppentherapie im ambulanten Bereich eher selten Anwendung findet. Das scheint nicht nur ökonomisch, sondern auch aufgrund des besonderen Therapiecharakter und der damit verbundenen Wirkfaktoren fahrlässig zu sein. Insgesamt fehlt es der Gruppenpsychotherapie an Forschung und gesundheitspolitischer Akzeptanz.

3.5 Wirkzusammenhänge spezifischer und allgemeiner Wirkfaktoren

Ob in der Psychotherapie allgemeine oder spezifische Wirkmechanismen entscheidend sind, wurde von der Psychotherapieforschung in dem Sinne beantwortet, dass beide Faktoren gemeinsam wirken (Lambert, 2013) aber nicht isoliert nebeneinander, sondern in einem

Beziehungsgeflecht verbunden (Orlinsky et al., 2013). Überhaupt ist eine klare Grenzziehung zwischen diesen Faktoren sehr schwierig. Denn ist die therapeutische Beziehung ein allgemeiner Wirkfaktor oder ein spezifischer Wirkfaktor der psychodynamischen Verfahren?

Der Zusammenhang zwischen allgemeinen Wirkfaktoren und spezifischen Techniken wird noch einmal mit den Ergebnissen des Taxonomie-Projekts von Pfammatter et al. (2012) deutlich. Die Autoren unternahmen in einem ersten Schritt eine umfassende Literaturauswertung aller beschriebenen allgemeinen Wirkfaktoren. 22 von mehreren Autoren genannte allgemeine Wirkfaktoren wurden ausgewählt und definiert. Gleichzeitig wurden 22 möglichst repräsentative Standardtechniken der vier psychotherapeutischen Hauptrichtungen kognitive Verhaltenstherapie, tiefenpsychologische Psychotherapie, humanistische Psychotherapie und systemische Therapie ausgewählt. Im Rahmen einer internetbasierten Erhebung wurden 68 deutschsprachige Psychotherapeuten befragt.

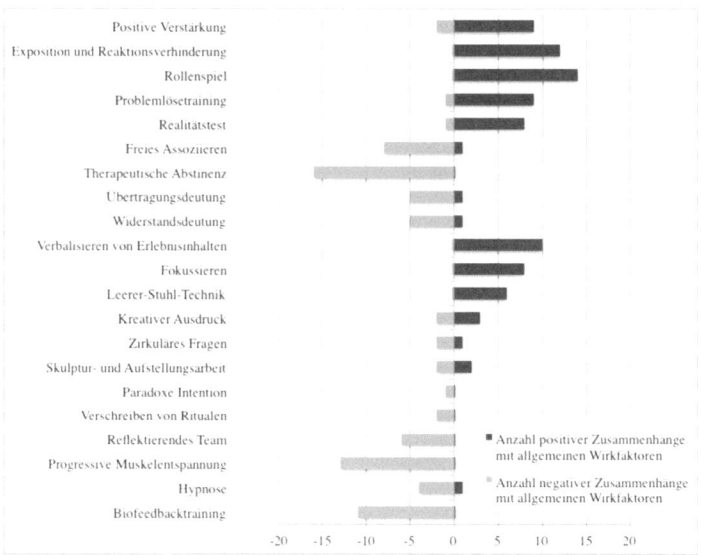

Abbildung 1
Anzahl signifikant positiver und negativer Zusammenhänge der einzelnen psycho-therapeutischen-Techniken mit allgemeinen Wirkfaktoren (Pfammatter et al., 2012, S.29).

39

Es zeigt sich, dass nach Einschätzung der angefragten Therapeuten die verschiedenen allgemeinen Wirkfaktoren jeweils mit unterschiedlichen Gruppen von Techniken assoziiert sind. So hängt z.B. der *allgemeine Wirkfaktor Klärung* signifikant positiv mit der Durchführung von Realitätstests, der Deutung von Übertragungen und dem Widerstand beim Klienten zusammen. Außerdem zeigte sich nach Pfammatter et al. (2012), dass verschiedene allgemeine Wirkfaktoren mit ähnlichen Gruppen von Techniken verbunden sein können. So lassen sich die allgemeinen Wirkfaktoren *affektives Erleben* und *Problemaktualisierung* aufgrund ihres ähnlichen Musters von Zusammenhängen mit spezifischen Techniken zusammenfassen.

Betrachtet man außerdem die Häufigkeiten, mit denen die einzelnen Techniken mit allgemeinen Wirkfaktoren positiv oder negativ zusammenhängen (siehe Abbildung 1), wird deutlich, dass einzelne Techniken besonders häufig positiv und andere dagegen negativ mit allgemeinen Wirkfaktoren assoziiert sind.

Aufgrund dieser Studie lässt sich ein Vergleich anstellen zwischen spezifischen Techniken, deren positiver Nachweis für den therapeutischen Outcome nachgewiesen wurde und den spezifischen Techniken, die hier besonders positiv mit den allgemeinen Wirkfaktoren korrelieren. Da allgemeine Wirkfaktoren einen Großteil der therapeutischen Wirkung ausmachen, müssten Techniken, die mit allgemeinen Faktoren in einem positiven Zusammenhang stehen, besonders wirkungsvoll für den therapeutischen Outcome sein. Hier zeigt sich aber ein gemischtes Bild.

So belegen zahlreiche Prozess-Ergebnis-Studien, dass die Leerer-Stuhl-Technik, der Einsatz von Expositions- und Imaginationsübungen, paradoxe Interventionen und die Deutung von Widerstand mit einem positiven Therapieergebnis in Verbindung steht (Orlinsky et al., 2004). Aber nur die ersten beiden Techniken korrelieren positiv, die anderen beiden negativ mit allgemeinen Wirkfaktoren.

Die Frage unter welchen Bedingungen die verschiedenen allgemeinen Wirkfaktoren jeweils wie wirksam werden, konnte mit den Ergebnissen des Taxonomie-Projekts teilweise beantwortet werden. Da sich hier außerdem die Möglichkeit ergibt terminologische und konzeptuelle Schwierigkeiten der allgemeinen Wirkfaktoren zu überwinden, wäre Forschung in diesem Bereich lohnenswert.

3.6 Weitere Wirkungszusammenhänge

Im Folgenden wird der aktuelle Forschungsstand zu zwei weiteren Themen dargelegt, die im Zusammenhang mit Psychotherapiewirkungen diskutiert werden, *der Therapie-Dosis-Effekt* und der *Wirkunterschied zwischen professionellen und paraprofessionellen Therapeuten.*

Vor dem Hintergrund limitierter Ressourcen im Gesundheitssystem hat die Frage, wie viel Psychotherapie für welche Klienten angemessen ist, nicht nur praktische, sondern auch gesundheitspolitische Relevanz. So beschäftigt sich die Aufwand-Wirkungs-Forschung oder auch Dosis-Wirkungs-Forschung gezielt mit der Frage nach dem Zusammenhang zwischen Therapieaufwand und der therapeutischen Wirkung (Lutz & Zaunmüller, 2012).

Inwiefern Laienhelfern im Vergleich zu professionellen Therapeuten wirksam sind, ist nicht zuletzt auch aufgrund der ökonomischen Relevanz bedeutsam. Denn wenn weniger gut ausgebildete Therapeuten gleiche oder ähnliche Resultate wie gut ausgebildete Therapeuten erzielen können, wäre die Beschäftigung professioneller und teurerer Therapeuten schwer zu rechtfertigen (Strasser, 2006).

3.6.1 Der Therapie-Dosis-Effekt

Als Meilenstein in der Dosis-Wirkungs-Forschung gilt die bereits vor mehr als 20 Jahren publizierte Metaanalyse von Howard und Kollegen. Als Therapiedosis definierten sie die Anzahl erhaltener therapeutischer Sitzungen, als therapeutische Wirkung beschrieben sie positive Verbesserungen in dem jeweils eingesetzten Instrument. Im Ergebnis fanden die Autoren wie erwartet einen positiven Zusammenhang zwischen Anzahl der Therapiesitzungen und dem Therapieergebnis, allerdings in der Form einer loglinearen negativ beschleunigten Verlaufskurve (Lutz & Zaunmüller, 2012). Das heißt, je mehr Psychotherapie, desto größer die Wahrscheinlichkeit einer Besserung, wobei sich die Erfolge bei höheren Dosen vermindern (Lambert & Ogles, 2013). Nach diesem Modell verbesserten sich 30% der Patienten nach 2 Therapiesitzungen, 41% nach 4 Sitzungen, 53% nach 8 Sitzungen, 75% nach 26 und 83% nach 52 Sitzungen. Aus ihren Ergebnissen leiteten die Autoren die Empfehlung ab, in Versorgungseinrichtungen mit beschränkten Ressourcen eine Anzahl von 26 Sitzungen zu limitieren, da so bei immerhin 75% der Patienten mit Verbesserungen zu rechnen sei (Lutz & Zaunmüller, 2012).

Auch wenn das Modell von Howard und Kollegen bis heute bei der Vorhersage von Therapieverläufen weitverbreitet eingesetzt wird, gibt es einige Kritik an der Forschungsmethode dieser Metaanalyse. So lautet ein Vorwurf, dass die Veränderungsgeschwindigkeit überschätzt wurde, da die Verbesserungsraten von Funktionsniveau beeinflusst wurden (Lutz & Zaunmüller, 2012). Auch wird kritisiert, dass durch Prä-Post-Studien keine hinreichende Beurteilung der Veränderungen erfolgen kann, da sich gezeigt hat, dass Veränderungen eher unregelmäßig, statt in gleichzeitigen Schritten erfolgen. Aus dem Grund wäre eine Beobachtung von Sitzung zu Sitzung ergiebiger (Hansen, Lambert & Forman, 2002).

Einen aktuellen Referenzwert geben Hansen et al. (2002). Die Autoren verglichen die Metaanalyse von Howard und Kollegen mit mehreren Studien aus jüngerer Zeit miteinander und kamen zu folgendem Ergebnis: *"A realistic summary of this literature suggests that between 13 and 18 sessions of therapy are needed for psychiatric symptom alleviation, across various types of treatment and patient diagnosis [...]"* (ebd., S.333). Lambert und Ogles (2013) hingegen sehen als vorläufiges Ergebnis der Dosis-Wirkungs-Forschung, dass sich ein beträchtlicher Anteil der Patienten nach zehn Sitzungen gebessert zeigt und dass 75% der Patienten nach etwa 50 Behandlungssitzungen strengere Erfolgskriterien erfüllen.

Auch wenn die Werte voneinander abweichen, gibt es ein Problem, welches für die Praxis wesentlich entscheidender ist und zwar handelt es sich bei diesen Verlaufskurven um Durchschnittswerte, weshalb dem individuellen Fall keine Bedeutung geschenkt werden kann. Dass die Variabilität, die in den einzelnen Fällen auftritt, ignoriert wird, trifft laut Baldwin, Berkeljon, Atkins, Olsen und Nielsen (2009) auf die meisten Dosis-Wirkungs-Forschungen zu. Die Autoren merken aus dem Grund zu recht an: *"[...] Consequently, a better understanding of what factors—patient, therapist, treatment, and contextual—influence treatment response is imperative [...]"* (ebd., S. 210).

Einfluss auf die Länge der Therapie hat natürlich vor allem die Art und Schwere der Störung. Nach Leuzinger-Bohleber (2012) sind es vor allem Persönlichkeitsstörungen, gravierende und langanhaltende psychosomatische Beschwerden, schwere Depressionen, kumulative Traumatisierungen, Psychosen und alle Störungsbilder mit einer hohen Komorbidität, die eine längere Behandlung nötig machen. Die Autorin verweist zudem auf den individuellen Bewältigungsstil der Klienten, der bei der Auswahl der Behandlungsmethode berücksichtigt werden sollte. Dieser kann selbstverständlich Einfluss auf die Behandlungslänge haben. Liegt es einem Klienten eher, mit erlernten Techniken Probleme direkt anzugehen, oder liegt Selbsterkenntnis im Sinne einer biografischen Aufarbeitung näher an der Persönlichkeit des Klienten. Schon die Wahl der Therapieart bestimmt bis zu einem gewissen Maß die Länge der Behandlung (siehe 3.4.4).

Sicher wäre es praxisbezogener, die Forschung zur Therapie-Dosis auf bestimmte Störungsbilder abzugleichen. Lambert und Ogles (2013) zeigen zwar einige Studien, die sich auf bestimmte Störungen konzentrieren, insgesamt gibt es aber bislang kaum empirisch-wissenschaftlich begründet formalisierte Entscheidungsregeln zur Frage: "Wer braucht warum wieviel?" (Oehlschlägel-Akiyoshi, 1998). Von der Forschung bislang noch weniger berücksichtigt sind negative Effekte, die mit der Therapiedosis in Verbindung stehen.

Leitner et al. (2012) kamen in ihrer Studie „Psychotherapie: Risiken, Nebenwirkungen und Schäden" des Forschungsprojektes der Donau-Universität Krems zu dem Ergebnis, „[...] *dass mit der Länge der Therapie auch die erlebte Intensität der Schädigung zunimmt, es also auch einen Dose-Effect für Schädigungen gibt, der bisher in den gruppenstatistischen Befunden zu den positiven Effekten untergegangen oder systematisch nicht erfasst wurde [...]"* (ebd., S.81).

Bemerkenswert an dem Ergebnis dieser Studie ist zudem, dass insbesondere Therapien mit psychodynamischer Orientierung schlecht abschnitten. Allerdings korrelierte dabei das schlechte Abschneiden der vor allem psychoanalytischen Behandlungen signifikant mit der Länge der Therapie. Kürzere tiefenpsychologische Prozesse schneiden keineswegs schlechter ab als andere Verfahren (ebd.), was die negativen Auswirkungen von längeren Therapien unterstreicht.

Allerdings muss, wie in Punkt 3.4.4 dargelegt wurde, angemerkt werden, dass die Länge einer psychodynamischen Therapie durchaus auch mit den eingesetzten Wirkfaktoren im Zusammenhang steht. So zeigen sich z. B. die Unterschiede von analytischer und tiefenpsychologisch fundierter Psychotherapie nicht nur im zeitlichen Aspekt, sondern auch im Grad der angestrebten Regression des Patienten, der Betonung und Bearbeitung der Übertragungsbeziehung sowie dem Ausmaß supportiv-stützenden Faktoren. Somit ist mit diesem Studienergebnis nicht eindeutig geklärt, ob der zeitliche Aspekt ausschlaggebend ist oder ob nicht andere spezifische Faktoren eine Rolle spielen.

3.6.2 Die Wirksamkeit von Laienhelfern im Vergleich zu professionellen Therapeuten

Mit der Ausbildung wird das grundlegende Wissen erworben, welches als Basis des therapeutischen Handelns dienen soll. Diese inhaltlichen wie methodischen Grundlagen werden sowohl im Studium, wie auch in zusätzlichen (therapeutisch orientierten) Ausbildungsgängen gelegt (Strasser, 2006). Die Approbation als Psychotherapeut ist für die Arbeit im klinischen Bereich Voraussetzung und wird allgemein im psychosozialen Arbeitsfeld sehr geschätzt. Der Wert der professionellen psychologischen Ausbildung steht also außer Frage, zumal die Psychotherapieforschung eine Vielzahl von Studien aufzeigen kann, die an der Effektivität von Psychotherapie keinen Zweifel lassen. So wäre anzunehmen, dass dieser von der Forschung erbrachte Wirksamkeitsnachweis die praktische Bedeutung der Ausbildungsinhalte gleich mit bestätigt.

Mehrere Metaanalysen, die vor allem zwischen den 1970er und 1990er Jahren die Effektivität von professionellen und paraprofessionellen Therapeuten miteinander verglichen, brachten allerdings genau diese Annahme ins Wanken. Durchgeführt wurden diese Studien aufgrund der ökonomischen Relevanz, da die Beschäftigung professioneller und teurer Therapeuten schwer zu rechtfertigen ist, wenn weniger gut ausgebildete Therapeuten gleiche oder ähnliche Resultate erzielen (Strasser, 2006).

Außerdem hatten viele Studien das Ziel, die Grenzen therapeutischer Prozeduren zu untersuchen, um z. B. den Grad der Ausbildung und Fertigkeiten zu bestimmen, der vonnöten ist, um bei spezifischen Problemen effektiv zu sein (Lambert & Ogles, 2013). Lambert und Ogles (2013) stellen einige bedeutende Studien und Metaanalysen zu diesem Thema zusammen. Die Ergebnisse sind uneinheitlich wie *Tabelle 4* zeigt. Stellt man die Metaanalysen, die keinen Unterschied feststellen oder nicht professionelle Therapeuten als überlegen ansehen, den Metaanalysen gegenüber, die professionelle als effektiver ausmachen, so ergibt sich hier ein Unentschieden. Allerdings weisen die neueren Metaanalysen eher in Richtung professionelle Therapeuten. Bei den aufgeführten Studien wiederum geraten die Professionellen ins Hintertreffen. Alles in allem sind die Studienergebnisse nicht aussagekräftig genug, um eine klare Überlegenheit der professionellen Therapeuten ausmachen zu können. Das ist verwunderlich, wenn man die lange Ausbildungszeit und die damit verbrauchten Ressourcen bedenkt. Exemplarisch für die kontroverse fachliche Auseinandersetzung rund um das Thema sind die Reaktionen auf die Meta-Analyse von Durlak (1979). Es wurden hierbei 42 Studien aus dem Zeitraum von 1961-1977, in welchen die Effektivität von Laien und professionellen Helfern verglichen wurde, analysiert. (Durlak, 1979; zit. nach Strasser, 2006, S. 94). Durlak kam zu dem Ergebnis, dass Paraprofessionelle im klinischen Bereich gleiche oder signifikant bessere Ergebnisse als professionelle Therapeuten erreichen und behauptete daraufhin, dass Ausbildung, Training und Erfahrung im psychologischen Bereich keine notwendigen Voraussetzungen für eine effektive Helferpersönlichkeit darstellen. (Durlak, 1979; zit. nach Müller-Kohlenberg, 1996, S.16). Dieses Ergebnis löste in der Fachwelt Diskussion um die Bedeutung professioneller Ausbildung und Erfahrung aus. Daraufhin prüften Nietzel und Fisher (1981) Durlaks Vorgehensweise und Resultate eingehend. Sie stellten methodische Schwächen fest, entfernten den Großteil der Studien, fügten einige aktuelle Studien hinzu und führten eine Re-Analyse durch, bei der sich schlussendlich die Ergebnisse von Durlak bestätigten.

Tabelle 4

Metaanalysen und Studien, die Professionelle und Paraprofessionelle Therapeuten bezüglich ihrer Effektivität vergleichen (Lambert & Ogles, 2013, S. 293-296).

	Kein Unterschied feststellbar	Professionelle effektiver	Nicht-Professionelle effektiver
Metaanalysen			
Durlak (1979)			☐
Stein (1980)	☐		
Stein et al. (1984)		☐	
Berman (1985)	☐		
Weisz et al. (1987)		☐	
Stein et al. (1995)		☐	
Studien			
Strupp (1980)			☐
Burlingam et al.(1989)		☐	
Anderson et al. (1999)	☐		

Allerdings mit der Einschränkung, das Laienhelfer im Umgang mit Patienten Erfolge erzielen, wenn sie Supervision erhalten. Durlak räumte darauf ein, dass die Rolle von Bedingungen wie

Supervision oder Training für das effektive Arbeiten von Laienhelfern in bestimmten Problembereichen erst noch genauer überprüft werden muss (Strasser, 2006).

Als Folge der Auseinandersetzung von Durlak mit Nietzel und Fisher führten Hatti, Sharpley und Rogers (1984) eine weitere Meta-Analyse durch bei der sie alle verwendeten Studien von Durlak sowie die von Nietzel und Fisher miteinander verglichen, dies aber auf der Basis von Effektstärken taten (ebd.). Hatti et al. kamen zu folgendem Ergebnis: *"[...] Based on the studies reviewed by those authors, an overall conclusion from the 154 effect sizes is that paraprofessionals are at least as effective, and in many instances more effective, than professional counselors [...]"* (ebd., S.540). Es zeigte sich außerdem, dass Erfahrung und Länge der Ausbildung die Wirksamkeit der Paraprofessionellen im Vergleich zu den Professionellen erhöhte (ebd.). Eine weitere Re-Analyse wurde von Berman und Norton (1986) durchgeführt. Sie ermittelten insgesamt für Laien und professionelle Helfer die gleiche Effektivität, merkten aber an, dass professionelle Berater und Therapeuten bei kürzeren Beratungsverläufen und älteren Klienten eine höhere Effektivität aufwiesen (Berman & Norton,1986; zit. nach Strasser, 2006, S. 95).

Diese Ergebnisse sind verblüffend. Nicht weniger überraschend aber ist, dass nach den lebhaften und kontroversen Diskussionen, vor allem in den 1970ger und 80ger Jahren, das Forschungsinteresse für dieses Thema mehr und mehr abgenommen hat. Die Suche nach aktuellen englisch- oder deutschsprachigen Studien, in denen Laienhelfer mit professionellen Helfern vergleichen werden, verlief erfolglos. Die neueste Studie, die gefunden wurde, ist 16 Jahre alt: Bright, Baker und Neimeyer (1999) verglichen professionelle und paraprofessionelle Therapeuten, die eine „kognitive- behaviorale Therapie" (CBT) und eine „gegenseitige Unterstützungs Gruppentherapie" (MSG) durchführten. Die Ergebnisse decken sich im Allgemeinen mit denen der anderen Studien: *„Die Ergebnisse lassen vermuten, dass die Therapie von nicht professionell geleiteten Therapeuten genauso effektiv war wie von Professionellen, was die Reduzierung von depressiven Symptomen angeht und dass sich der Zustand von Klienten in der CBT und MSG Therapie gleichermaßen verbessert hat"* (ebd., S.1). Eine Einschränkung erfolgt allerdings: *"Wenn man sich jedoch den Krankheitszustand nach Beendigung der Behandlung anschaut, wurden mehr Patienten aus der professionell betreuten CBT Gruppe als nicht depressiv und gelindert klassifiziert als in der paraprofessionellen CBT Gruppe"* (ebd.).

Eine Auseinandersetzung mit diesem Forschungsthema führt also nur über ältere Studien. Das ist nicht unproblematisch, da gerade die älteren Studien aus methodischen Gründen in der Kritik stehen. Lambert und Ogles (2013) dazu: *„Probleme wie inadäquate Kontrollgruppen, der unklare Einfluss von Supervision, Konfundierung von Behandlungstechnik mit Erfahrungsgrad sowie unklare Definition von Kategorien (professionell, paraprofessionell ausgebildet, ohne Ausbildung ect.) gefährdet weiterhin die Qualität von Forschungsergebnissen"* (ebd., S. 296). Dennoch gibt es Autoren, die diese Kritik nicht teilen und sich klar für die Effektivität der Laienhilfe positionieren.

Für die Erziehungswissenschaftlerin Müller-Kohlenberg (1996) ist diese Forschungsfrage bereits geklärt: *„Es geht nicht mehr um die Frage, ob Professionelle effektiver arbeiten als Laienhelfer. Es ist entschieden, dass sie keine besseren Leistungen erbringen. Offen ist dagegen die Frage, wie diese Befunde zu erklären sind."* (ebd., S.19). Und Beushausen (2014) fordert bezüglich der Effektivität der Laienhilfe, dass: *„[...] endlich [...] Konsequenzen gezogen werden"* (ebd., S.34). Allerdings muss man festhalten, dass in einigen Studien und Meta-Analysen durchaus Unterschiede festgestellt wurden und sich professionelle Therapeuten als effektiver erwiesen oder es zu geringeren Drop-Out-Raten kam. Aber diese Unterschiede sind eben nicht so groß wie man es erwarten würde. Wie ist es nun zu erklären, das sich durch eine langjährige psychologische und psychotherapeutische Ausbildung, die Effektivität von Therapeuten im Vergleich zu Laienhelfern kaum erhöht?

Vermutet wurde z. B. von Durlak, das Laienhelfer eher wärmer, einfühlsamer und echter vorgehen. Ein weiterer Erklärungsansatz wäre ein offener und spontanerer Kontakt zum Klienten seitens der Laienhelfer. Professionelle Helfer wären demnach im Umgang mit Klienten eher darauf bedacht, erlernte psychologische Theorien und Interventionsstrategien zu berücksichtigen, so dass ihr Umgang mit Klienten weniger unbefangen und natürlich sei, wohingegen Laien eine gleichberechtigte Beziehung zu den Klienten entwickeln können (Strasser, 2006). Carkhuff (1968) vermutet, dass die übliche akademische Ausbildung keinen Kompetenzzuwachs gewährleistet, sich stattdessen eher negative Verläufe einstellen. Die Ausbildungszeit wird laut ihm nicht für Inhalte genutzt, die auf das Wachstum der Persönlichkeit bezogen sind. Wohingegen er die Trainingsprogramme für Laien, als Programme beschreibt, die einfach versuchen Menschen darauf vorbereiten, Menschen zu helfen (Carkhuff,

1968; zit. nach Müller-Kohlenberg, 1996, S.14). Eine weitere Studie nährt ebenfalls Zweifel an den Ausbildungsinhalten und liefert zudem noch ein anderes interessantes Ergebnis.

Anderson und Kollegen verglichen in ihrer Studie die Effektivität von graduierten Studenten in klinischer Psychologie mit graduierten Studenten anderer Disziplinen (z. B. Geschichte, Chemie). Die „Therapeuten" führten sieben 50-minütige Therapiesitzungen mit Studenten durch. Sie wurden instruiert, den Klienten in einer Art und Weise zu helfen, von der sie glaubten, dass sie den Klienten ultimativ bei der Lösung ihrer Probleme helfen würde. Die Ergebnisse zeigten keinen Zusammenhang zwischen der Ausbildung der „Therapeuten" und den Therapieergebnissen. Jedoch stand der Grad der interpersonellen Fertigkeiten sowohl mit den Ergebnissen als auch mit der therapeutischen Allianz in Beziehung. Therapeuten mit hohen interpersonellen Fertigkeiten, unabhängig von der Ausbildung, hatten bessere Ergebnisse (Anderson et al. 1999; zit. nach Lambert et al. 2013, S. 295-296).

Dass es einen Qualitätsunterschied zwischen Psychotherapeuten gibt, unabhängig von der schulenspezifischen Ausrichtung oder auch Erfahrung, gilt als sicher (siehe 4.4.4). In diesem Fall spricht einiges dafür, dass individuelle Therapeutenvariablen wichtiger sind als die Ausbildung.

Professionelle Therapeuten verfügen genauso wie Laien über Persönlichkeitsstrukturen, die für den psychosozialen Bereich geeignet sind. Aber es würde nicht einer gewissen Logik entbehren, wenn unter den nichtprofessionellen die interpersonellen Fähigkeiten reicher verteilt wären als bei den Professionellen. Dass Laien in einigen Studien besser abschneiden, muss nicht an methodischen Problemen des Studiendesigns liegen oder an einer „verformten Persönlichkeit" durch die einseitige Schulung intellektueller Fähigkeiten, sondern kann auch allgemein der Motivation geschuldet sein. Laien handeln wegen geringerer Entlohnung oder auch wenn keine Entlohnung stattfindet, wie es bei ehrenamtlichen Tätigkeiten der Fall ist, eher aus einer intrinsischen Motivation heraus. Hier spielen dann natürlich eher Empathie, Echtheit und aufrichtiges Interesse eine Rolle. Wobei der Grund ein Psychologiestudium aufzunehmen auch extrinsisch motiviert sein kann, z.B. aus Karrieregründen, aus Gründen höherer Entlohnung, allgemein wegen des Lebensstandards oder aufgrund des Nacheiferns der Eltern oder auf Druck des Elternhauses.

Der geringe Effektivitäts-Unterschied zwischen Laien und Professionellen erinnert stark an das Äquivalenzparadoxon, das ja besagt, dass kein Effektivitäts-Unterschied zwischen den verschiedenen Therapieschulen besteht. Hier ergeben sich nicht nur Parallelen, sondern diese beiden Phänomene scheinen auf dieselbe Ursache zu zeigen, in Richtung allgemeiner Wirkfaktoren. Es ist erstaunlich, dass dieser Forschungszweig so wenig Bedeutung erfährt, zumal dieser Zusammenhang deutlich wird. Beushausen (2014) stellt wegen des geringen Fachinteresses die Frage, ob *„[...] die Befunde [...] zu unbequem für die professionellen Helfer sind*, [und ob] *Pfründe gefährdet* [sind]?"* (ebd. S. 4).

3.7 Zusammenfassung

Die wichtigsten Ergebnisse des ersten Teils dieses Buches werden nun in Anstrichen zusammengefasst und den folgenden Fragestellungen zugeordnet: Wirkt Psychotherapie? Wie effektiv ist Psychotherapie? Was sind die Wirkfaktoren der Psychotherapie? Welche Wirkfaktoren kommen bei Psychodynamischen Therapien, der Verhaltenstherapie und der Gruppentherapie zum Tragen?

Wirkt Psychotherapie? Wie effektiv ist Psychotherapie?

- Das Psychotherapie wirkt, gilt als empirisch eindeutig nachgewiesen. Nach Lambert und Ogles (2013) findet sich bei Betrachtung verschiedener Störungsbilder mittlere Effektstärken von 0,67 bis 1,1. Mit Effektstärken zwischen 0,42 und 0,58 erzielen psychotherapeutische Verfahren auch im Vergleich zu Placebo-Kontrollgruppen eine deutlich höhere Wirkung.

Was sind die Wirkfaktoren der Psychotherapie?

- Was genau an Psychotherapie wirkt, ist bis heute nicht abschließend geklärt.
- Laut Lambert (2013) sind allgemeine Faktoren (30%), die in jeder Psychotherapie wirken und spezifische Faktoren (15%), die ihren jeweiligen Theorierichtungen zuzuordnen sind, gemeinsam am Therapieoutcome beteiligt. Darüber hinaus werden Placeboeffekte (15%) und extratherapeutische Faktoren (40%) für den Therapieoutcome verantwortlich gemacht
- Schwierig ist unter anderem die Bestimmung, welche spezifischen Faktoren zum Therapieerfolg beitragen. Zum einen stehen die jeweiligen Therapierichtungen untereinander mit ihren Erklärungskonstrukten in „Konkurrenz" und beanspruchen die

Richtigkeit ihrer spezifischen Faktoren für sich, zum anderen finden unterschiedliche Konzepte innerhalb der jeweiligen Therapieschulen Anwendung.

- Therapieleitlinien und ihre standardisierte Umsetzung mit Hilfe von Therapiemanualen sind als logische Konsequenz des spezifischen Wirkungsmodells zu sehen und werden aus verschiedenen Gründen kritisiert. Als grundlegendes Problem wird gesehen, dass die EBM und die erstellten Leitlinien sich auf RCT-basiertes Forschungswissen stützen und das komorbide Störungen, welche bei ca. 56 – 60 % der Psychotherapieklienten vorkommen, durch Therapiemanuale nicht berücksichtigt werden können.

- Aufgrund der Studienlage lässt sich die Frage, ob bei spezifische Störungen spezifische Interventionen besonders effektiv sind, zumindest bzgl. der Expositionsbehandlung bei Angststörungen, mit ja beantworten.

- Eine weitere Erkenntnis ist, dass keine der Therapieschulen sich bisher der anderen als überlegen herausgestellt hat, ein Ergebnis, welches nicht unbedingt für die große Bedeutung spezifischer Faktoren spricht.

- Ungeklärt sind außerdem, welche allgemeinen Faktoren bei einer Psychotherapie wirken. Eine allgemein anerkannte Begriffsdefinition steht aus. Eine Vielzahl von Konzepten existieren nebeneinander. Dazu variiert die Anzahl der psychotherapeutischen Variablen zwischen diesen Konzepten sehr stark. Häufig hervorgehoben werden in dem Zusammenhang die *Therapiebeziehung*, welche als der Wirkfaktor gilt, der empirisch am besten bestätigt ist und eine Reihe von *Therapeuten- sowie Klientenvariablen* sowie die Fokussierung auf *Ressourcen des Klienten*, außerdem *Klärung und Einsicht* und Variablen der *Problembewältigung.*

- Das allgemeine und spezifische Wirkfaktoren sich nicht ausschließen sondern in einem Beziehungsverhältnis stehen, beschreiben nicht nur Orlinsky et al. (2013) sondern zeigen auch Pfammatter et al. (2012) mit ihrem Taxonomie-Projekt.

- Die Forschung zu Placeboeffekten zeigt wie bedeutsam Besserungserwartungen für Klienten und Therapeuten sind, unterstreicht zudem ebenfalls die Bedeutung der Therapiebeziehung und bringt eine interessante weitere Erkenntnis in der Form von Noceboeffekten hervor. Denn die Beschäftigung mit negativen Aspekten des Lebens können negative Wirkungen nach sich ziehen, was vor allem bei der Beurteilung von Therapien hinsichtlich ihrer negativen Wirkungen Bedeutung erlangt.

- Verblüffend ist der geringe Effektivitätsunterschied zwischen Laienhelfern und professionellen Therapeuten. Zu bedauern ist, dass das Forschungsinteresse bzgl. dieses Themas seit längerer Zeit nachgelassen hat. Auch diese Ergebnisse deuten darauf hin, dass allgemeine Faktoren bei der psychotherapeutischen Behandlung wesentlich entscheidender sind als spezifische Faktoren.

- Der Forschungsstand zum Therapie-Dosis-Effekt lässt den Schluss zu, dass längere Therapien sich sowohl positiv als auch negativ wirkungsvoller zeigen. Dies ist kein Widerspruch, stellt allerdings die Psychotherapie vor die nicht geringe Herausforderung, bei längeren Therapien das positive Potential auszuschöpfen und dabei das negative Potential minimal zu halten. Kritisch zu sehen ist allerdings, dass in der Therapie-Dosis-Forschung mit Durchschnittswerten gearbeitet wird und somit keine Aussagen zu der individuellen Therapiepraxis getätigt werden kann. So benötigen schwere Störungsbilder längere Behandlungen. Forschung zu der Therapielänge bzgl. verschiedener Störungsbilder steht noch aus.

- Außertherapeutische Faktoren können sich nach Miller et al. (2000) als *zufällige, unvorhergesehene Begebenheit* zeigen oder auch in der *Stärke und der Ressourcen* eines Klienten liegen, sich die Hilfe anderer zu sichern. Extra- oder außertherapeutische Faktoren tragen laut einiger Autoren zu einem erheblichen Teil für Veränderungen in der Psychotherapie bei (z.B. Lambert, 2013; Rabkin & Struening, 1976; Miller et al., 2000), werden aber in der Praxis kaum gezielt genutzt (Grawe, 2004; Miller et al., 2000).

Welche Wirkfaktoren kommen bei psychodynamischen Therapien, der Verhaltenstherapie und der Gruppentherapie zum Tragen?

- Alle psychodynamischen Verfahren beziehen ihre theoretische Fundierung aus den gleichen theoretischen Konzepten (Triebtheorie, Ich-Psychologie, Objektbeziehungstheorien, Selbstpsychologie sowie intersubjektive Theorien). Abwehr und Widerstand spielen zudem eine zentrale Rolle, wobei der Umgang mit diesen in der Praxis von Verfahren zu Verfahren unterschiedlich ausfällt. Obwohl die Effektivität der psychodynamischen Verfahren als bestätigt gilt, gelten nur die Wirkfaktoren *Therapeutische Beziehung* und *Deutungsarbeit* als empirisch bestätigt. Studien die die Wirkung von *Übertragungsdeutungen* untersuchten, zeigten das diese vorsichtig eingesetzt werden sollten (Faller, 2004).

- Die Verhaltenstherapie versteht sich als Anwendung der empirisch-experimentellen Psychologie und ihrer Nachbardisziplinen und bezieht grundsätzlich alle Methoden, die empirisch gestützt sind, in ihr Grundverständnis mit ein. Aus dem Grund umfasst die Verhaltenstherapie eine breite Gruppe von Methoden und Techniken. Trotz der nachgewiesenen Wirksamkeit ist es allerdings bei einigen Verfahren nicht klar, welche Wirkprinzipien genau zum Tragen kommen (Maercker & Weike, 2009; Michael & Ehlers, 2009). Das gilt auch für die kognitive Therapie, bei der laut Jong-Meyer (2009) nicht klar ist, ob es eher die verhaltensübenden oder kognitionsverändernden Komponenten sind, die wirken oder ob diese additiv bis synergistisch wirken.

- Psychodynamische Therapien und die Verhaltenstherapie integrieren zunehmend Konzepte, die außerhalb ihrer theoretischen Grundausrichtung liegen und nähern sich auf diese Weise nach und nach einander an. Zudem konnte sich bisher keine der beiden Therapieverfahren der anderen als überlegen zeigen. Vor allem die Verhaltenstherapie nutzt mittlerweile eine Vielzahl von Verfahren, die nicht nur auf rein behavioralen Ansätzen beruhen oder zu den kognitive Therapieverfahren gezählt werden können, sondern sich z.B. auch psychodynamischen Konzeptionen bedienen. Eine Tatsache, die sich auch in der Praxis beobachten lässt, wie eine Studie von Hau et al. (2005) zeigt.

- Gruppentherapie ist ähnlich effektiv wie Einzeltherapie und wird im klinischen Bereich häufig eingesetzt, findet aber im ambulanten Bereich eher selten Anwendung. Das scheint nicht nur ökonomisch, sondern auch aufgrund des besonderen Therapiecharakters und der damit verbundenen Wirkfaktoren fahrlässig zu sein. Neben den Gruppenformaten, die aus Behandlungskonzepten hervorgegangen sind, die ursprünglich in Einzeltherapien durchgeführt wurden, gibt es therapeutische Wirkprinzipien, die allein dem Gruppenformat eigen sind (z. B. Gruppenkohäsion, Altruismus). Die gruppenspezifischen Wirkfaktoren greifen besonders gut bei Klienten mit Schwierigkeiten im interpersonalen Bereich. Insgesamt fehlt es der Gruppentherapie aber an Forschung und an gesundheitspolitischer Akzeptanz. So können die von Yalom (1995) aufgeführten gruppenspezifischen Wirkfaktoren bisher als nicht empirisch bestätigt gelten.

4 Negative Psychotherapie-Effekte und deren Wirkfaktoren

Sowohl das Auftreten unerwünschter oder gar schädlicher Wirkungen von Psychotherapie als auch eine Differenzierung ihrer verschiedenen Ausdrucksformen wurde von der Psychotherapieforschung über lange Zeit nur wenig beachtet. Stattdessen widmete sich die Forschung dem Nachweis der Effektivität und der positiven Wirkungen psychotherapeutischer Behandlungen (Kaczmarek & Strauß, 2013). Ein Beleg, der auch umfassend gelang, wie im vorigen Kapitel gezeigt wurde.

Haupt et al. (2013) führen einige mögliche Gründe auf, die erklären könnten, weshalb Negativwirkungen in der Psychotherapie bisher kaum untersucht und diskutiert wurden. So sehen die Autoren die Ursachen bei den Therapeuten, die negative Folgen des eigenen Handelns möglicherweise übersehen oder sogar in positive Folgen umattribuieren, da sie eine Mitverantwortung an negativen Therapieverläufen ablehnen und der grundsätzlichen Schwierigkeit, negative Wirkungen theoretisch und praktisch zu erfassen. So besteht nach Haupt et al. (2013) die Schwierigkeit, Nebenwirkungen zu erkennen oder sie gar von Hauptwirkungen oder auch Kunstfehlerfolgen zu unterscheiden. Zumal kaum Methoden zur Erfassung, Früherkennung oder Überwachung von Psychotherapienebenwirkungen vorhanden sind. Ein weiteres Hindernis für die Erforschung von Nebenwirkungen in der Psychotherapie ist laut den Autoren aber auch, dass es bisher an einer verbindlichen Begriffsdefinition und Klassifikation mangelt und es schwierig ist, verbindlich festzulegen, was eine adäquate Therapie und was eine Fehlbehandlung ist.

In den letzten Jahren ist allerdings zu beobachten, dass die Forschung sich verstärkt mit negativen Effekten auseinandersetzt. Das folgende Kapitel hat das Ziel den aktuellen Forschungsstand zu negativen Effekten der Psychotherapie aufzuzeigen.

4.1 Häufigkeiten eines negativen Therapie-Outcomes

Dass Psychotherapie negative Wirkungen auslösen und Schäden anrichten kann, ist mittlerweile in der Fachwelt allgemein akzeptiert (Haupt et al., 2013; Lambert & Ogles, 2013; Hoffmann, Rudolf & Strauß, 2008); Märtens & Petzold, 2002). Uneindeutig dagegen ist die Einschätzung, wie häufig Verschlechterungen durch Psychotherapie auftreten.

Übersichtsarbeiten beziffern die Raten für Verschlechterungen (*deterioration*) in der Psychotherapie mit 5–15% und für ausbleibende Verbesserungen (*nonresponse*) mit 10–50% (Jacobi, Hoyer & Uhmann, 2011). Diese doch recht unpräzisen Werte machen eine Einschätzung, in welchem Ausmaß Verschlechterungen im therapeutischen Alltag auftreten schwierig. Drei neuere Studien, die nun kurz vorgestellt werden, verdeutlichen dieses Dilemma:

1. Das Modellvorhaben: „Qualitätsmonitoring in der ambulanten Psychotherapie" (MVPT) der Technikerkrankenkasse (TK) wurde im Jahr 2011 abgeschlossen. An dieser Studie nahmen insgesamt 1.708 Patienten und 400 Therapeuten teil. Bei den Abschlussmessungen (E) und Katamnesen (K) war bei ca. 65% der dokumentierten Fälle eine Abnahme der Problematik sichtbar, bei *28% keine signifikante Veränderung,* bei *7% eine Verstärkung.* (Wittmann et al., 2011).

2. Die Online Patientenbefragung (N=2056) des Forschungsprojektes der Donau-Universität Krems „Psychotherapie: Risiken, Nebenwirkungen und Schäden" kurz RISK, kommt zu folgendem Ergebnis, dass *10-20% der Therapieverläufe von negativen Entwicklungen gekennzeichnet* sind (Leitner et al., 2012).

3. In einer Dresdner verhaltenstherapeutischen Institutsambulanz für Psychotherapie (IAP) wurde im Zeitraum 2004-2010 eine Studie durchgeführt (N=1776), bei der die Häufigkeit für Nonresponse, für Verschlechterungen und unbefriedigende Therapieergebnisse ermittelt wurden. *Verschlechterungen werden mit 0.8–4.3%* angegeben. Misserfolg, der Verschlechterungen und hoch-symptomatische Abschlusswerte zusammenfasst, wird mit 11.2% angegeben. *Nonresponse bewegt sich zwischen 27.1 und 48.6%.* Die Therapieabbrecher liegen bei 19,2%, wobei 11,9% als problematisch angesehen werden (Jacobi, Hoyer, Uhmann, 2011).

Bei einem Vergleich der drei Studien fällt auf, dass die Raten für Verschlechterungen, ähnlich wie die eingangs erwähnten Raten (5–15%), erheblich schwanken, nämlich zwischen 0,8% - einen fast schon zu vernachlässigenden Wert - und zwischen 20%, einem besorgniserregend hohen Wert. Das gleiche gilt für Nonresponse.

Psychotherapie führt wie die Studienlage zeigt, nicht nur zu Verbesserungen, sondern auch regelhaft zu Verschlechterungen, wie nachgewiesen werden konnte. Uneindeutig ist dagegen, wie häufig Verschlechterungen durch Psychotherapie auftreten. Es zeigt sich allerdings, dass

Negativwirkungen kein Randphänomen darstellen, da teils ein erheblicher Anteil von Klienten durch Psychotherapie Verschlechterung erfährt.

4.2 Begriffsbestimmungen

Eine einheitliche Definition und Klassifikation von negativen Therapiewirkungen gibt es zum heutigen Zeitpunkt noch nicht. Diese konzeptionellen Schwierigkeiten ziehen sich laut Kaczmarek und Strauß (2013) durch die gesamte Literatur mit Unklarheiten bezüglich der Abgrenzung von:

- Hauptwirkungen, Nebenwirkungen, mangelnder Therapiewirksamkeit, Spontanverläufen oder gar Kunstfehlern
- unmittelbaren und mittelbaren Therapieerfolgen oder
- verschiedenen Graden der Therapiekorrektheit oder -güte (ebd., S.16).

Auch Conrad (2009) kritisiert, dass die beschriebenen Phänomene nicht klar voneinander abzugrenzen sind und dass das Einsortieren negativer Effekte in z. B. Nebenwirkungen dazu führen kann, dass die Aufmerksamkeit von den eigentlichen Akteuren abgelenkt wird. Und Caspar und Kächele (2008) schlagen aufgrund der schwierigen Abgrenzung der Begriffe den allgemeinen Begriff der „Fehlentwicklungen" vor.

Trotz der Schwierigkeiten haben mehrere Autoren in den letzten Jahren versucht, negative Effekte von Psychotherapie zu klassifizieren (Haupt et al. 2013; Caspar & Kächele, 2008; Hoffmann et al. 2008; Wampold, 2010; Jacobi, 2002).

Tabelle 5 stellt eine Übersicht dar, welche die Klassifikationen der eben genannten Autoren in Oberkategorien zusammenfasst. Das Tabellenformat wurde von mir gewählt, da sich so nachvollziehbar eine Zusammenfassung der verschiedenen Begriffe vornehmen lässt. Da die hier aufgeführten Autoren ihre Schwerpunkte unterschiedlich setzen, verbinde ich mit dieser Zusammenfassung das Ziel, möglichst umfassend die Phänomene darzustellen, welche wahrscheinlich mit negativen Therapiewirkungen in Verbindung stehen. Da dieses Buch Negativwirkungen und deren Ursachen thematisiert, sind die in der Tabelle 5 aufgeführten Faktoren nach Ursachen und Wirkungen sortiert

Tabelle 5

Klassifikationen von Negativ-Wirkungen und verwandten Phänomenen unterschiedlicher Autoren.

	Subsumierung	Haupt et al. (2013)	Wampold (2010)	Hoffmann et al. (2008)	Caspar und Kächele (2008)	Jacobi (2002)
Ursachen	Risiken und Kontra-indikationen	Risiken und Kontra-indikationen				
	Fehlerhafte Diagnostik		Falsche Therapien			
	Schlechte Therapie-beziehung		Brüche in der therap. Allianz, Beziehungs-muster wiederholen sich			
	Behandlungs-fehler		Fehlerhaft angewandte Therapien		Überstarke Aktivierung persönl. Anteile des Therap., Suboptimales Vorgehen,	
	Missbrauch		Ausbeutung und Missbrauch von Patienten		Missbrauch	
	Mangelnde Passung			Mangelnde Passung	Passungs-probleme	Therapie-Ablehner: Patient entscheidet sich während der Probatorischen Sitzungen gegen eine Therapie
Wirkungen	Unerwünschte Ereignisse	Unerwünschte Ereignisse				
	Negative Therapiefolgen	Negative Therapiefolgen				
	Nebenwirkung	Nebenwirkung		Erfolglosigkeit oder Nebenwir-kungen einer angemessenen Therapie		

Kunstfehler-folgen	Kunstfehler-folgen	Erfolglosigkeit oder Nebenwirkungen auf Grund einer unprofessionellen Ausübung der Behandlung	
Therapieschäden		Schädigung durch unethisches Verhalten des Therapeuten	
Misserfolg	Therapie-Nonresponse, Verschlechterungen	Nichtaufnahme eigentlich Erfolg versprechender Therapien	Abbrecher, Nicht-Reagierer, Rückfälle, Verschlechterungen, Misserfolge im Vorfeld der Therapie

Diese Tabelle wurde auf Grundlage einer umfassenden Literaturrecherche erstellt. Sie beinhaltet Klassifikationen unterschiedlicher Autoren, welche in Oberkategorien subsumiert wurden.

Tabelle 6 zeigt die aus der Tabelle 5 extrahierten Begriffe, welche in Oberkategorien zusammengefasst wurden.

Tabelle 6

Zusammenfassung negativer Phänomene die mit Psychotherapie in Verbindung gebracht werden, auf Grundlage der Literaturübersicht (Tabelle 5) und weiterer Ergänzungen.

Ursachen negativer Therapieeffekte	Negative Therapiewirkungen
• Passungsprobleme	• Unerwünschte Ereignisse
• Risiken und Kontraindikationen	• Negative Therapieeffekte
• Fehlerhafte Diagnostik	• Nebenwirkungen
• Therapeutenseitige Ursachen	• Therapieschäden
• Klientenseitige Ursachen	• Kunstfehlerfehlerfolgen
• Schlechte Therapiebeziehung	• Misserfolg (Misserfolg im Vorfeld der Therapie, Ablehner, Abbrecher, Rückfälle, Verschlechterungen, Nicht-Reagierer)
• Behandlungsfehler (Missbrauch)	
• Systemfehler	

Therapeutenvariablen und *Klientenvariablen* sind neu hinzugefügt worden. Diese beiden Variablen stellen explizit keine Klassifikationen unerwünschter und schädlicher Wirkungen von Psychotherapie dar, werden aber von mehreren Autoren als Ursache für negative Therapiewirkungen aufgeführt (Hoffmann et al., 2008; Conrad, 2009; Leitner et al., 2012; Clarkin & Levy, 2013; Beutler et al., 2013).

Den *Ursachen negativer Therapieeffekte* wurde zudem die Kategorie *Systemfehler* hinzugefügt. Die in *Tabelle 6* aufgeführten einzelnen Kategorien bilden die Gliederung dieses Kapitels. Von dieser Auswahl ausgehend werden nun die eingangs erwähnten Fragestellungen untersucht.

4.3 Negativeffekte durch Psychotherapie

Im Folgenden werden die verschiedenen negativen Psychotherapie-Effekte aufgeführt. Außerdem wird dargelegt, wie diese sich für Klienten auswirken können. In diesem Zusammenhang werden *unerwünschte Ereignisse*, *negative Therapieeffekte*, *Nebenwirkungen*, *Therapieschäden* und *Kunstfehlerfolgen* (Haupt et al., 2013), sowie verschiedene *Therapie-Misserfolgsarten* (Jacobi, 2002) diskutiert.

4.3.1 Unerwünschte Ereignisse und negative Therapieeffekte

Unerwünschte Ereignisse sind laut Haupt et al. (2013) alle Ereignisse, die zeitlich parallel zur Psychotherapie im Erleben, Verhalten oder der Umwelt des Klienten auftreten. Diese umfassen körperliche oder psychische Symptome und Beschwerden des Klienten, aber auch negative Entwicklungen in der Partnerschaft, im Beruf oder im sonstigen Leben.

Im Gegensatz zu positiven Ereignissen die laut Miller et al. (2000) für den Therapieerfolg genutzt werden können, ist das Erkennen und Bearbeiten negativer Ereignisse notwendig, um deren Auswirkungen auf den Klienten einzudämmen. Außerdem ist nach Freyberger und Spitzer (2013) davon auszugehen, dass sich negative Ereignisse im Vergleich zu positiven Ereignissen stärker auf das Behandlungsergebnis auswirken.

In den letzten Jahrzehnten haben Forscher den Einfluss von negativen Lebensereignisse auf einer Anzahl von psychiatrischen Störungen, einschließlich Depression, Schizophrenie und Angststörungen untersucht und nachweisen können (Johnson & Miller, 1997). Insbesondere wurde der Zusammenhang zwischen Depression und negativen Lebensereignisse erforscht (Kendler, Karkowski & Prescott, 1999; Ma & Teasdale, 2004).

Eine neuere Studie von Voss (2006) konnte belastende Ereignisse als Ursache für Rückfall und Neuerkrankung von Depressionen nachweisen. Gravierende Ereignisse, die in dieser Studie als Auslöser einer depressiven Episode erkannt wurden, waren: Arbeitsplatzverlust, größere finanzielle Belastungen bzw. Schulden, eine Trennung/Scheidung, eine erfolgte Berentung bzw. Krankschreibung für mehr als sechs Monate, eine erfolgte Einstufung als behindert, Tod eines Kindes und eine lebensbedrohliche Erkrankung.

Nach Haupt et al. (2013) ist das Beobachten *unerwünschter Ereignisse* aber auch wichtig um festzustellen, ob eine negative Therapiewirkung vorliegt. Denn laut den Autoren sind alle unerwünschten Ereignisse, die in kausalem Zusammenhang zur Therapie stehen als negative Therapiewirkungen zu bezeichnen.

In diesem Zusammenhang werden vor allem Partnerschaftsprobleme genannt, welche durch die psychotherapeutische Behandlung entstehen können (Kaczmarek & Strauß, 2013; Hoffmann et al., 2008; Kächele & Hilgers, 2013). Laut Kächele und Hilgers (2013) werden diese aber viel zu selten diskutiert. Und in der Tat greifen aktuelle Übersichtsarbeiten und Fachdiskurse vorwiegend auf Jahrzehnte alte Studien zurück. Besonders Partnerschaften stehen unter einem Anpassungsdruck, wenn der Patient aufgrund einer erfolgreichen Behandlung ein anderes Verhalten zeigt und Grundhaltungen und Werte überdenkt. Angehörige sind von den Erschütterungen, Schwankungen und Krisen der Klienten betroffen, aber ohne dabei wirklich Einfluss auf die Therapie haben zu können (Kächele & Hilgers, 2013).

Ein weiteres Problem kann laut Nestoriuc und Rief (2013) auftreten, wenn eine psychische Erkrankung eine stabilisierende Funktion für die Partnerschaft hat. Eine erfolgreiche Behandlung kann dann für den betroffenen Partner als unangenehm erlebt werden und bis zur Trennung reichen.

Unerwünschte Ereignisse können sich laut Strauß und Mattke (2013) für Betroffene auch negativ auswirken, wenn diese nicht direkt erlebt, sondern beobachtet werden, wie es im gruppentherapeutischen Kontext geschehen kann. Die Autoren bemerken, dass Vorfälle wie Regelverstöße oder suizidale Handlungen, die bei anderen Klienten erlebt werden, ansteckende Effekte haben können.

Negative Therapie-Effekte sind mehr oder weniger schwerwiegend (siehe 4.3.2.1) und müssen nicht zwingend problematisch sein, da sie keineswegs ein schlechtes Therapieergebnis nach Ende der Behandlung oder einen Therapieabbruch vorhersagen (Freyberger & Spitzer, 2013). Allerdings sollte nach Haupt et al. (2013) eine „nebenwirkungsorientierte Therapie" angestrebt werden. Das heißt, dass die Behandlungsstrategie neben dem Erfolg auch immer die Verminderung negativer Effekte beinhalten sollte. Das ist nachvollziehbar, denn negative Effekte sind eine Belastung für den Klienten und können der Grund für einen Therapiemisserfolg sein (Lambert et al., 2002a).

Haupt et al. (2013) empfehlen den Therapieprozess systematisch zu betrachten. Systematisch deshalb, da Therapeuten oft nicht empfindsam genug gegenüber unerwünschten Veränderungen sind (siehe Leitner et al., 2012). Lambert et al. (2002b) plädieren für die Entwicklung und Benutzung eines Frühwarnsystems, um Therapeuten bei denen es zu einem negativen Therapie-Ergebnis kommen könnte, frühzeitig zu informieren.

Diese „Rückmeldungen zum Prozess" wurde bereits von verschiedenen Forschergruppen erfolgreich getestet (Leitner et al., 2012). Z. B. Lambert et al. (2001): Die Autoren teilten in ihrer Studie 609 Klienten verschiedenen Gruppen zu, bei denen entweder die behandelnden Therapeuten Rückmeldungen erhielten oder dieses Feedback zum Klienten-Fortschritt nicht bekamen. Es stellte sich heraus, dass bei der Gruppe der Klienten, deren Therapeut Feedback erhielt, sich Verschlechterungen während der psychotherapeutischen Behandlung von 23% auf 6% reduzierten. Gleichzeitig stieg der Anteil der klinisch-signifikant verbesserten Patienten von 16% auf 26%. Die Effektstärke dieser Studie betrug $d = 0.44$ und liegt damit über den Werten vergleichender Outcome-Studien. In einer Replikationsstudie (Lambert et al., 2002b) konnten die Autoren mit einer größeren Versuchsgruppe (1.020 Klienten) und einer etwas geringeren Effektstärke ($d = 0,40$) dieses Ergebnis replizieren.

Auch Berking, Orth und Lutz (2006) bestätigen in ihrer Studie ($d = 0.48$) die Effektivität von Feedbacksystemen, sehen aber aufgrund des erhöhten Arbeitsaufwandes und der hohen Kosten eine Etablierung in der Routineversorgung eher fraglich.

4.3.2 Nebenwirkungen, Therapieschäden und Kunstfehlerfolgen

Auch wenn eine fehlende einheitliche Begriffsdefinition bzw. mangelnde theoretische Konzeptualisierung negativer Therapieeffekte immer wieder beklagt werden (z.B. Haupt et al.,

2013; Hoffmann et al., 2008; Kaczmarek & Strauß, 2013), sind sich viele Autoren zumindest darüber einig, dass zwischen *Nebenwirkungen (*Negativwirkungen einer angemessenen Therapie*), Folgen von Behandlungsfehlern* sowie S*chäden durch unethisches Verhalten* zu differenzieren ist (Strauß, Kaczmarek & Freyberger, 2011; Gerlich, 2011; Margraf, 2009a; Hoffmann et al., 2008).

4.3.2.1 Nebenwirkungen

Nebenwirkungen, also Therapiewirkungen, die nicht angestrebt werden, sind laut Leitner (2011) abzugrenzen von der Hauptwirkung, also von dem Erreichen des definierten und angestrebten Ziels der Therapie.

Nach Haupt et al. (2012) ist zudem zwischen verschiedenen Schweregraden von Nebenwirkungen zu unterscheiden. Die Beurteilung des Schweregrades nehmen sie dabei bzgl. der Konsequenzen für den Klienten vor:

- **Eine leichte Nebenwirkung** hat keine weiteren Konsequenzen zur Folge, wie beispielsweise ein Ausbruch von Weinen und Verzweiflung während einer Therapiesitzung.
- **Mittelgradige Nebenwirkungen** führen zu überdauernden Beeinträchtigungen des Patienten, wie beispielsweise verstärkte Konflikte am Arbeitsplatz oder in der Partnerschaft.
- **Auf schwere Nebenwirkungen**, wie beispielsweise das Vorhaben, einen sicheren Arbeitsplatz kündigen zu wollen, muss unbedingt mit Gegenmaßnahmen reagiert werden.
- **Sehr schwere Nebenwirkungen** führen zu unwiderruflicher Schädigung, wie beispielsweise einer Scheidung oder einem Herzinfarkt.
- **Extreme Nebenwirkungen** gehen mit Lebensgefahr einher oder erfordern eine stationäre Behandlung wie zum Beispiel bei akuter Suizidalität (ebd., S.9-10).

Dadurch, dass Nebenwirkungen trotz einer korrekt durchgeführten Therapie entstehen können, ist laut Gerlich (2011) zudem das Risiko für Nebenwirkungen *konstant* im Therapie-Prozess vorhanden.

4.3.2.2 Therapieschäden

Nach Hoffmann et al. (2008) lassen sich Therapieschäden als das Auftreten unerwarteter, anhaltender und für den Klienten erheblich nachteiliger Auswirkungen der Therapie

61

beschreiben. Damit können Therapieschäden sowohl aufgrund einer korrekt durchgeführten Therapie als auch aufgrund eines Behandlungsfehlers bzw. ethischen Verstoßes entstehen. Hinterwallner, Gerlich und Koschier (2011) machen Therapieschäden auf folgenden Ebenen fest:

- **Schäden auf psychischer Ebene** äußern sich insbesondere in von Druck und Zwang geprägten Beziehungen zwischen Klient und Psychotherapeut.
- **Schäden auf sozialer Ebene** gehen einher mit einer negativ erlebten Veränderung in der Beziehungsstruktur des Klienten.
- **Schäden auf physischer bzw. somatoformer und psychosomatischer Ebene** umfassen alle Aspekte, die sich auf einer körperlichen Ebene manifestieren und in direktem Zusammenhang mit einer Psychotherapie stehen.
- **Schäden auf finanzieller Ebene** finden sich in allen monetären Aspekten, die im therapeutischen Prozess entstehen können und negativ konnotiert werden. Dazu zählen finanzielle Belastungen, Schulden und geschäftliche Verluste. Ursachen für einen finanziellen Schaden sind vor allem Therapiekosten (ebd., S.70).

4.3.2.3 Kunstfehlerfolgen

Auch wenn mehrere Autoren in der Theorie zwischen Nebenwirkungen und *Kunstfehlerfolgen* unterscheiden, ist laut Haupt et al. (2012) diese Differenzierung in der Praxis ungleich schwieriger: *„Die Unterscheidung zwischen Nebenwirkung einerseits und Kunstfehlerfolgen andererseits verlangt ein Urteil über die Korrektheit der Behandlung. Da es in dem Bereich der Psychotherapie, [...], in vielen Bereichen nur begrenzt explizite Therapiestandards gibt und zusätzlich in der Praxis davon abweichende Herausforderungen entstehen, ist auch die Feststellung von Kunstfehlerfolgen schwierig"* (ebd., S. 8).

Die Frage nach der Korrektheit der Behandlung stellt sich bei sexuellem Missbrauch in der Psychotherapie nicht. Die Folgen für die Klienten werden zudem als sehr schwerwiegend beschrieben (Ben-Ari & Somer, 2004; Somer & Saadon, 1999; Munz, 2010).

Eine Studie, die am Institut für Klinische Psychologie und Psychologische Diagnostik der Universität zu Köln durchgeführt wurde, und Auswirkungen untersuchte, welche sexuelle Kontakte innerhalb therapeutischer Beziehungen auf betroffene Klienten ausüben, kam zu dem

Ergebnis, dass 84% der Betroffenen neue und/oder verstärkte Beschwerden als Folge des sexuellen Kontakts entwickelten (Eichenberg, 2008).

Als *verstärkte Beschwerden* wurden Isolation, Misstrauen, Angst, Scham- und Schuldgefühle, Selbstzweifel, depressive Symptome, psychosomatische Beschwerden und selbstverletzendes Verhalten am häufigsten berichtet. Hinsichtlich der *neu aufgetretenen Symptome* fand man vor allem Misstrauen, emotionalen Rückzug, Angst, depressive Symptome, Wut und Aggression, Selbstzweifel, psychosomatische Beschwerden sowie Schlafstörungen. Außerdem konnte bei 89% der Befragten eine *Traumatisierung* festgestellt werden, in mehr als drei Viertel der Fälle lag sogar eine mittelgradige bis schwere Traumatisierung vor. Etwa die Hälfte der betroffenen Patienten hatte aufgrund des sexuellen Übergriffs in der Therapie das Bedürfnis nach einer weiteren Psychotherapie, um die massiven Folgen zu verarbeiten. In den Fällen, in denen dieses Bedürfnis nicht bestand, wurde dies zumeist mit dem Vertrauensverlust in Psychotherapeuten generell begründet. 25 Betroffene hatten zum Befragungszeitpunkt bereits eine Folgetherapie abgeschlossen. Als hilfreich an der Haltung des Folgetherapeuten wurde das Wahren von Grenzen erlebt (Eichenberg, 2008).

4.3.3 Therapie-Misserfolg

In der Literatur finden sich, wie schon aufgezeigt wurde, unterschiedliche Misserfolgsraten. In Punkt 4.4 werden eine ganze Reihe von Ursachen genannt, die den Misserfolg einer Psychotherapie begünstigen können. Dabei ist nicht leicht zu beantworten, wann bei einer Psychotherapie von Misserfolg zu sprechen ist.

Im Gegensatz zu vielen mechanisch-medizinischen Eingriffen, wie z. B. bei einer Augenoperation, wo nach dem Eingriff eindeutig die Sehfähigkeit und damit der Behandlungserfolg bestimmbar ist, muss sich die Psychotherapie einer wesentlich komplexeren und weniger überschaubaren Situation stellen. Psychische Störungen treten meist mit Komorbiditäten auf. Haupt- und Nebensymptome können sich psychisch aber auch somatisch zeigen. Aber Psychotherapie arbeitet nicht nur unmittelbar an der Symptomatik, sondern auch an der sozialen und beruflichen Teilhabe der Klienten. Auch das Erwerben von Fähigkeiten für die Überwindung von Lebensproblemen ist Teil des therapeutischen Prozesses. Somit können Verbesserungen und Verschlechterungen nebeneinander bestehen. Diese Multidimensionalität erschwert eine eindeutige Misserfolgsbestimmung.

Ein Orientierungspunkt, stellt die gemeinsame Zieldefinition von Therapeut und Patient dar, vorausgesetzt diese findet explizit statt. Es stellt sich in dem Zusammenhang also die Frage: Wurde das angestrebte Ziel aus Sicht des Patienten und/ oder des Therapeuten erreicht? Oder nicht? Dann wäre von einem Misserfolg auszugehen. Allerdings ist es „*[…] schwierig, eine genaue Grenze zwischen Erfolg und Misserfolg zu ziehen, da in Therapien […] Teilerfolge […] erreicht werden können, […] ohne dass die Hauptsymptomatik selbst relevant verändert wird*" (Klepsch, Münchau & Hand, 2009, S.266).

Ein weiteres Problem tritt auf, wenn mit Grenzwerten gearbeitet wird, die diagnostisch erhoben wurden. Stellt die knappe Überschreitung eines festgelegten Grenzwertes tatsächlich einen Misserfolg dar? Und was ist, wenn ein Klient der außergewöhnlich stark ausgeprägte Störungen aufweist, diesen Grenzwert zwar überschreitet, aber eine erhebliche Symptomreduktion erreichen konnte? Wäre dann auch von einem Misserfolg auszugehen? Für die Bewertung von Therapieerfolg/Misserfolg reicht also die diagnostische Erhebung mit Hilfe eines Symptomfragebogens nicht aus, sondern die Ergebnisdiagnostik muss neben der Patienteneinschätzung und der Therapeuteneinschätzung außerdem das Zurechtkommen in wichtigen Lebensbereichen wie Beruf, Partnerschaft, Familienleben, Freizeitverhalten und sozialen Kontakten berücksichtigen und Veränderungen anhand der vorab definierten Ziele des Patienten überprüfen. Auch die Reduktion oder der Verzicht der Einnahme von Psychopharmaka kann Bestandteil einer Erfolgseinschätzung sein (Klepsch et. al., 2009).

In Verbindung mit Misserfolg werden zudem noch weitere Begrifflichkeiten diskutiert. So differenziert Jacobi (2002) Misserfolg wie folgt:

- *Misserfolge im Vorfeld der Therapie*: Wenn aufgrund von mangelndem Zugang/unzureichender Versorgungslage erst gar keine Therapie zur Verfügung steht.
- *Therapie-Ablehner* (*refusals*): Wenn sich Personen während der probatorischen bzw. Vorinformationsphase gegen eine Behandlung entscheiden.
- *Abbrecher* (*drop-outs*): Wenn eine laufende Therapie frühzeitig beendet wird.
- *Nicht-Reagierer* (*non-responders*): Wenn Klienten auf eine Therapie nicht ansprechen
- *Verschlechterungen* (*deterioration effects*): Wenn sich während der Therapie der Gesundheitszustand eines Klienten verschlechtert und dieser Zustand längerfristig anhält.

- *Rückfälle* (*relapses*): Wenn die Therapie mit einer bedeutsamen Symptomreduktion beendet wurde, aber kurzfristig (lapse) oder langfristig (relapse) wieder verstärkt Symptome auftreten (ebd., S. 91-92).

Einige dieser Begriffe stehen im direkten Zusammenhang mit dem Misserfolg, wenn es um die Misserfolgsraten geht, da Therapieablehner und -abbrecher selten in die Datenanalysen miteinbezogen werden (Klepsch et. al., 2009). So ist davon auszugehen, dass die Misserfolgsraten höher ausfallen müssten, wenn man Therapieabbrecher einbeziehen würde, die in Folge eines schlechten Therapieverlaufs die Therapie abgebrochen haben.

Die von Jacobi (2002) aufgeführten Misserfolgsphänomene haben verschiedene Ursachen, treten unterschiedlich häufig auf und wirken sich auch unterschiedlich aus, wie im Folgenden gezeigt wird. *Nicht-Reagierer* und *Verschlechterungen* wurden am Anfang dieses Kapitels bereits behandelt und werden nicht weiter beachtet.

4.3.3.1 Misserfolge im Vorfeld der Therapie

Einige Studien weisen auf eine Mangelversorgung von psychotherapeutischen Behandlungs-angeboten in der Bundesrepublik Deutschland hin, was sich vor allem in langen Wartezeiten ausdrückt (Siehe Umfrage der Landespsychotherapeuten-kammern und der BptK, 2011; Dossier zur Online-Studie von Pro Psychotherapie e.V., 2011).

Als besonders schlecht gilt die psychotherapeutische Versorgung im Ruhrgebiet (17 Wochen), Brandenburg (19,4 Wochen), Mecklenburg-Vorpommern (18 Wochen), Thüringen (17,5 Wochen) und Sachsen-Anhalt (16,6 Wochen) (Umfrage der Landespsychotherapeuten-kammern und der BptK, 2011).

Problematisch sind hohe Wartezeiten deshalb, da sie die Wahrscheinlichkeit erhöhen, dass sich psychische Erkrankungen verschlimmern und chronisch werden und allgemein für den Klienten eine Belastung darstellen. Zudem passiert es nicht selten, dass Klienten aus Mangel an Alternativen, auf stationäre Behandlungen zurückgreifen müssen, obwohl eine ambulante Psychotherapie angemessen wäre oder komplett auf eine erforderliche Behandlung verzichten (Umfrage der Landespsychotherapeuten-kammern und der BptK, 2011).

Auch das Nichterkennen von psychischen Erkrankungen durch Hausärzte stellt laut Rief et al. (2006) ein ernstes Problem dar und kann somit ebenfalls als Misserfolge im Vorfeld der Therapie bezeichnet werden.

4.3.3.2 Therapie-Ablehner

Die Gründe für *Therapie-Ablehner* können vielfältig sein. Z.B. kann während der probatorischen Sitzungen festgestellt werden, dass keine gute Passung vorliegt (siehe 4.4.1). Auch lange Wartezeiten, das schwierige Erreichen des Therapieortes oder mangelnde Motivation können Gründe für Klienten sein, eine angebotene Therapie abzulehnen. Als gänzlich unerforscht gilt dabei, inwieweit Therapeuten Klienten ablehnen. Außerdem ist unklar, inwieweit Therapie-Ablehner als therapeutische Misserfolge zu werten sind. Die Rate der Ablehner liegt zwischen 5 und 25%, wird aber in den meisten Publikationen nicht angegeben (Klepsch et. al., 2009).

4.3.3.3 Abbrecher

Abbrüche sind meist Passungsproblemen geschuldet (siehe 4.4.1). Aber nicht alle Therapieabbrüche sind als Misserfolge anzusehen. So hat z. B. ein Umzug in eine andere Stadt nichts mit dem therapeutischen Prozess zu tun und kann dennoch mit zu einem Abbruch führen. Auch eine schwere körperliche Erkrankung kann einen Abbruch notwendig machen. Außerdem kann es möglich sein, dass sich einige Klienten schon vor dem offiziell definierten Therapieende als gebessert betrachten. Die berichteten Abbruchraten liegen zwischen 0 und 23% (Klepsch et. al., 2009).

4.3.3.4 Rückfälle

Rückfallpatienten *(relapses)* konnten ihre Therapie erfolgreich beenden, sind aber im Anschluss rückfällig geworden. Hier kann differenziert werden zwischen kurzfristigen Rückfällen, die sich wieder schnell selbst erübrigen und langfristige Rückfälle, die noch Monate anhalten. Rückfälle werden durch belastende Situationen ausgelöst. Da sich ein Rückfall im Anschluss der Behandlung ereignet, ist er für eine Untersuchung schwer zugänglich. Aus dem Grund gibt es wenig verlässliche und übereinstimmende Daten über die Häufigkeit von Rückfällen in der Psychotherapie (Klepsch et. al., 2009).

4.4 Die Ursachen negativer Therapieeffekte

Im Folgenden werden die Ursachen dargelegt, die zu einem negativen Therapie-Outcome oder zu negativen Therapie-Effekten führen. In diesem Zusammenhang werden *Passungsprobleme* (Kriz, 2005), *Risiken und Kontraindikationen* (Haupt et al., 2013), *fehlerhafte Diagnostik, Behandlungsfehler, Systemfehler* (Medau et al., 2014), *Stigmatisierungen* (Ortlieb, 2012), *klientenseitige- und therapeutenseitige Ursachen* (Hoffmann et al., 2008) und *schlechte Therapiebeziehungen* (Leitner et al., 2012) diskutiert.

4.4.1 Passungsprobleme

30% bis 45% aller Klienten in der ambulanten Psychotherapie haben in ihrer Vorgeschichte bereits eine oder mehrere psychotherapeutische Behandlungen hinter sich und wechseln dann den Therapeuten und/oder das Therapieverfahren. Das spricht dafür, dass es einen hohen Anteil von „fehlindizierten" Klienten gibt (Kriz, 2005). Bei einem erheblichen Teil dieser Klienten soll laut Kriz zunächst die „Passung" nicht gestimmt haben. Da das therapeutische Geschehen sehr komplex ist, können in verschiedenen Bereichen Passungsprobleme auftreten.

Passungen sollten zwischen: 1. Behandlungsmodell und Störungsmodell, 2. Patient und Behandlungsmodell, 3. Therapeut und Patient und 4. Therapeut und Störung des Patienten berücksichtigt werden (Kriz, 2005).

Um dem „Passungsproblem" näher zu kommen, haben Eckert, Frohburg und Kriz (2004) sogenannte Therapiewechsler untersucht und kamen dabei zu folgendem Ergebnis: Bei 51% wurde die Beziehung zum Therapeuten als unbefriedigend eingeschätzt und bei 44 % war die Passung zwischen den Interventionen und Patienten-Merkmalen nicht gegeben.

Betrachtet man die Ergebnisse, so ist es nicht ungewöhnlich wenn „Angebot und Nachfrage" nicht übereinstimmen. Die probatorischen Sitzungen sind ja auch dafür gedacht, abzuklären, ob „Passung" vorhanden ist. Dabei haben der Klient und der Therapeut die Möglichkeit festzustellen, ob die Grundlage für eine fruchtbare therapeutische Arbeit vorhanden ist und können sich somit auch gegen eine Therapie entscheiden. Was sie auch häufig tun.

Wenn eine ungünstige Passung zwischen Psychotherapeuten- und Klientenpersönlichkeit vorliegt, ist diese nach Leitner (2011) meist nicht zu ändern und sollte auch nicht erzwungen werden, da sonst die Gefahr einer Schädigung besteht.

4.4.2 Risiken und Kontraindikationen

Das Risiko für Negativeffekte ist konstant während des gesamten psychotherapeutischen Prozesses vorhanden. *„Soweit sie nach Häufigkeit und Schwere für den Patienten von Bedeutung sind, handelt es sich um relevante therapeutische Risiken. Über diese sind Patienten vorab zu informieren"* (Haupt et al., 2013, S. 9).

Die Vorabinformation existiert bereits in der Schweiz als Patienteninformation. Auf Grundlage der Forschungsergebnisse des Forschungsprojektes „RISK" der Donau-Universität Krems wurde eine Patienteninformation analog zu einem Beipackzettel erstellt. Neben- und Wechselwirkungen wurden hier explizit aufgeführt (Leitner at al., 2011).

Die therapeutischen Risiken müssen abgeschätzt werden vor allem dann, wenn im Einzelfall Rahmenbedingungen gegeben sind, die das Auftreten ernsthafter Nebenwirkungen sehr wahrscheinlich machen. In diesem Fall spricht man von Kontraindikationen. Beispiele hierfür können sein, dass trotz einer spürbaren starken sexuellen Anziehung seitens des Therapeuten gegenüber den Klienten, eine Therapie begonnen wird oder dass eine belastende Expositionsbehandlung mit einem Patienten durchgeführt wird, der ein vorgeschädigtes Herz hat (Haupt et al., 2013). Wird eine Behandlung trotz des Wissens um einen Risikofaktor durchgeführt und diesem nicht angemessen begegnet, kann das zu Negativeffekten führen. In dem Fall läge ein Behandlungsfehler vor.

4.4.3 Fehlerhafte Diagnostik und Stigmatisierung

Neben der Beschreibung und Analyse des Problems erfüllt die Diagnostik weitere Funktionen. Denn die Diagnostik steht immer auch im Dienste der Indikationsstellung und Therapieplanung (Schüßler, 2005). Außerdem dient sie als Kontroll- und Steuerungsfunktion des Behandlungsfortschritts (Hoyer & Knappe, 2012). Somit kommt ihr eine wichtige Bedeutung zu und es ist davon auszugehen, dass Behandlungsfehler in diesem Bereich weitreichende Konsequenzen haben.

In einer qualitativen Studie, bei der Psychotherapeuten (N=30) zu Behandlungsfehlern in der Psychotherapie befragt wurden, wurden technische Fehler (67%) am häufigsten genannt. Auffällig war dabei, dass unter diesen Fehlern besonders häufig diagnostische Fehler auftauchten (Medau, Jox & Reiter-Theil, 2014). Im Bereich der Diagnostik können Fehler sehr vielfältig sein. Ein befragter Therapeut dieser Studie legt einige Fehler wie folgt offen:

> Es wird zu früh lostherapiert, ohne eine genaue Diagnostik zu machen, vielleicht ist die Diagnostik auch unvollständig […]. Also ich erlebe zwei Sachen, zum einen so eine Art Gießkanne, ohne im Vorfeld aufgrund der Symptomatik differentialdiagnostische Überlegungen anzustellen und gezielt Diagnosen zu machen zum Ein- oder Ausschluss […], oder ich mache manche Diagnostikinventare nicht, obwohl die vielleicht wichtig wären. (ebd., S.339)

Ein weiteres Problem, das laut Sponsel (2002) eine große Bedeutung hat, betrifft die Anwendung von Suggestivmethoden in allen diagnostischen Situationen. Neben der mangelhaften Durchführung der Diagnostik zeigen sich des weiteren Fehler bei der Auswertung oder Interpretation der Beobachtungen bzw. der Ergebnisse.

So können bei den Testenden Wahrnehmungstendenzen und Wahrnehmungsfehler eine Rolle spielen (Rentzsch & Schütz, 2009). Hier gilt es zwischen standardisierten Fragebogenverfahren, bei denen der Einfluss der Testenden auf ein Minimum beschränkt ist und mündlich unstandardisierten Befragungen, wie Verhaltensbeobachtungen und Verhaltensbeurteilungen, zu unterscheiden, bei denen subjektive Beeinflussungen eine große Rolle spielen (ebd.).

Der Diagnostiker kann Opfer einer ganzen Reihe von Wahrnehmungsverzerrungen werden. Eine Form der Verzerrungseffekte stellen die sogenannten *Attributionsfehler* dar. Unter Attribuierung versteht man den Prozess, indem Menschen bestimmten Geschehnissen eine Ursache zuschreiben, um sie besser erklären zu können. In dem Zusammenhang konnten zahlreiche Studien nachweisen, dass Beobachter den Einfluss der Situation im Vergleich zu Persönlichkeitsfaktoren unterschätzen (ebd.).

Der Diagnostiker kann außerdem von bestimmten Persönlichkeitseigenschaften so sehr beeindruckt sein, dass diese das Gesamturteil dominieren. So werden zum Beispiel attraktive

Personen bei gleicher Leistung oft besser beurteilt -*Halo-Effekt*- als weniger attraktive Personen. Bei wahrgenommenen negativen Eigenschaften spricht man in dem Zusammenhang vom *Horns-Effekt*. Auch Vorinformationen, z. B. von bereits vergebenen Diagnosen, können sich negativ auf das Gesamturteil auswirken, indem sie das Verhalten der Testenden beeinflussen, welche wiederum zu bestimmten Reaktionen bei den zu Testenden führen, die sogenannte sich *selbst erfüllende Prophezeiung*. Weitere negative Beeinflussung der Verhaltensbeobachtung wird durch den *Primacy-* und dem *Recency-Effekt* ausgeübt (ebd.).

Nicht nur Psychotherapeuten, sondern auch Klienten selbst, können fehlerhafte Erkenntnisse produzieren. Neben der Tendenz zur *Selbstwerterhöhung* spielt auch das Motiv nach *Selbstkonsistenz* eine Rolle, bei der dann Menschen bestrebt sind, Informationen zu erhalten, die ihr *Selbstkonzept* bestätigen. Das heißt, dass Personen dazu neigen, ihre Erinnerungen vor allem an selbstkonsistenten Informationen auszurichten. Die Selbstdarstellung kann außerdem von den realen Begebenheiten abweichen, um der Regulation von Emotionen zu dienen.

Ein weiteres Problem kann entstehen, wenn Symptome eindeutig aufgrund schulenspezifischer Störungsmodelle interpretiert werden. Wenn z. B. Herzrhythmusstörungen nicht Teil des Störungsmodells von Panikattacken sind, erhöht sich die Gefahr einer Fehlinterpretation. Fehlerinnerungen aufgrund theoretischer Konzepte sind eine weitere Facette dieser „Schablonendiagnostik" (Haupt et al., 2013).

Unabhängig davon, ob eine Diagnose richtig oder falsch gestellt wurde, kann die Diagnose selbst zu einem Problem führen, wenn diese als *Stigmatisierung* wahrgenommen wird. Etwa die Hälfte der psychiatrieerfahrenen Menschen sehen sich über Ländergrenzen hinweg im Alltag mit Ablehnung und Diskriminierung konfrontiert. Dabei können Diskriminierungen als Stressoren wirksam werden und sogar zu einer Verschlimmerung beitragen. In vielen Fällen wird die Stigmatisierung als zweite Krankheit bezeichnet. Zusätzlich kommen dann auch Benachteiligungen im Hinblick auf strukturelle Aspekte hinzu. Ein Nachteil entsteht z. B. bei der Verteilung von Ressourcen im Gesundheitswesen (Ortlieb, 2012).

Klienten sind zudem unweigerlich auch mit der eigenen Haltung gegenüber einer Diagnose konfrontiert. In solchen Fällen wendet der psychisch Kranke bestehende Vorurteile und negative Haltungen gegen sich selbst an und betreibt eine *Selbststigmatisierung*, die einen ungünstigen Einfluss auf den Krankheitsverlauf nimmt, indem sie die Inanspruchnahme von

Hilfen erschwert und das Selbstwertgefühl und die Selbstwirksamkeit beeinträchtigt. Die Folgen von Stigmatisierung sind schwer und vielfältig. Sie reichen von einer erschwerten Behandlung bis hin zu Behandlungsvermeidung und Behandlungsabbrüchen (ebd.).

Im Widerspruch dazu steht, dass die Vergabe einer Diagnose auch eine therapeutische Funktion haben kann, da Symptome als weniger beängstigend wahrgenommen werden, wenn sie eingeordnet werden können und nicht unklarer Natur sind. Nicht alle Therapeuten informieren allerdings ihre Patienten über ihre Diagnose. Eine Studie aus dem Jahr 2006 zeigt, das 30% der Klienten, die einen Fragebogen über ihre Depressionstherapie beantworteten, sich nicht erinnern konnten, über ihre Diagnose informiert worden zu sein. In diesem Fall zeigte sich, dass die Uninformierten einen signifikant geringeren Behandlungserfolg aufwiesen (Hoyer & Knappe, 2012).

4.4.4 Therapeutenseitige Ursachen

Die Frage, welche Bedeutung der Therapeut für das Therapieergebnis hat, rückte auf Grund des Legitimierungsdrucks unter dem die Psychotherapie stand, lange in den Hintergrund. In der Psychotherapieforschung sollte der Therapeut als Einflussfaktor möglichst konstant gehalten werden, um die Vergleichbarkeit von Studien zu erhöhen. Allerdings stellte sich in einigen Studien heraus, dass die Manualisierung den Einfluss der Therapeuteneigenschaften auf das Outcome nicht eliminieren kann (Beutler et al., 2013).

Da der positive Nutzen der Psychotherapie mittlerweile allgemein anerkannt ist und ein allgemeiner Effektivitätsnachweis der Psychotherapie nicht mehr notwendig erscheint, konzentriert sich die Forschung zunehmend auf Faktoren, die für den Therapieoutcome verantwortlich gemacht werden. So rückt auch in letzter Zeit die Person des Psychotherapeuten vermehrt in den Fokus des Forschungsinteresses (Willutzki, Kappenstein & Hermer, 2013).

Es wird zunehmend deutlich, dass betreffend den Erfolg einer Psychotherapie, systematische Unterschiede zwischen einzelnen Therapeuten auftreten, die unabhängig von der Symptombelastung des Patienten und der theoretischen Ausrichtung des Therapeuten sind (Strauß & Nodop, 2013).

Die folgende Studie unterstreicht diese Behauptung: Die Arbeitsgruppe um Lambert (2007) kommt nach der Auswertung ihres zehnjährigen Forschungsprogramms, bei dem es um Frühwarnsysteme bezüglich negativer Therapieeffekte ging und bei dem auch

Therapeuteneffekte untersucht wurden, zu folgendem Ergebnis: *„The top-rated therapists' clients had an improved or recovery rate of 44% and a deterioration rate of 5%, whereas the clients seen by the bottom-rated therapists improved or recovered at a rate of 28%, with 11% deteriorating"* (ebd., S.11).

Willutzki et al. (2013) zeigen in ihrer Übersicht zu Qualitätsunterschieden von Psychotherapeuten unter anderem auf, dass: 1. Therapieabbrüche mit der Person des Psychotherapeuten zusammenhängen können, 2. das Beziehungsverhalten des Therapeuten wichtiger ist als angewandte Techniken, Erfahrung und theoretische Orientierung, 3. umso gestörter ein Patient ist, die Qualitätsunterschiede zwischen Therapeuten besonders deutlich werden und 4. effektive Therapeuten geringere Schwankungen in ihren Behandlungsergebnissen aufweisen.

Es bleibt also festzuhalten, dass es Therapeuten gibt, die regelmäßig für schlechte Behandlungsergebnisse sorgen (Paulus, 2014). Dafür gibt es einige Gründe, wie nun gezeigt werden soll.

4.4.4.1 Persönlichkeitseigenschaften, die sich negativ auf die Therapie auswirken können

Da der Therapeut mit seinen Persönlichkeitseigenschaften in den therapeutischen Beziehungsprozess eintritt und diesen Prozess durch diese Merkmale bewusst und unbewusst beeinflusst, können eine Vielzahl von Persönlichkeitseigenschaften Einfluss auf den Therapieprozess ausüben, abhängig davon, wie der Klient als zweiter Beziehungspartner auf diese reagiert. Zwar scheinen viele dieser spezifischen Merkmale auf den ersten Blick nicht nennenswert von Bedeutung zu sein, was sich auch in empirischen Nachweisen niederschlägt, wie das *Alter und* das *Geschlecht* des Therapeuten (siehe Conrad, 2009; Kächele, 2006), aber sie können in einer ganz konkreten Situation dennoch eine negative Wirkung erzeugen. Immerhin deuten Studien, die Alter und Erfahrung getrennt analysiert haben, darauf hin, dass Therapeuten, die mehr als zehn Jahre jünger als ihre Klienten sind, für diese nicht die beste Wahl sein dürften (Kächele, 2006). Das betrifft auch die *ethnische Zugehörigkeit* des Therapeuten, die als Wirkvariable vernachlässigbar scheint (Conrad, 2009), aber umgeformt als ethnischer Unterschied zwischen Patient und Therapeut dann Bedeutung erlangen kann, wenn dieser aufgrund unterschiedlicher kultureller Wertevorstellungen zu Missverständnissen führt (Tsui & Schultz, 1985). In dem Zusammenhang sei auf die hohen Drop-Out-Werte derjenigen Patienten verwiesen, deren ethnischer Hintergrund nicht dem des Therapeuten entspricht (Beutler et al., 2013).

Eine egalitäre Haltung seitens des Therapeuten hat sich im Umgang mit ethnischen Minderheiten und einkommensschwachen Klienten bewährt, da eine solche Einstellung emotionales Einfühlen besser ermöglicht (Clarkin & Levy, 2013). Außerdem kann ein kulturelles Sensibilisierungs-Training die notwendige Einfühlung erhöhen (Beutler et al., 2013).

Die hier aufgeführten Merkmale sind fix und nicht veränderbar, nur der Umgang mit ihnen kann variabel gestaltet werden. Weniger fix sind *Einstellungen und Wertehaltungen* des Therapeuten. Es scheint klar, auch unter Betrachtung der vielzitierten Therapeutenmerkmale von Carl Rogers, dass es zentral für den therapeutischen Prozess ist, möglichst vorurteilsfrei auf den Patienten zuzugehen, auch und gerade weil es notwendig ist, ein tieferes Verständnis über den Patienten zu erlangen. So gesehen wäre es kontraproduktiv persönliche Einstellungen und Wertehaltungen in den therapeutischen Prozess einzubringen.

So kann die Haltung des Therapeuten in Bezug auf *Gender, Bisexualität und Homosexualität* von Bedeutung sein. Zumindest zeigen Befunde in diesem Bereich, dass für Klienten, die den betreffenden Gruppen angehören, Therapeuten weniger hilfreich sind, die ihrer Lebensweise gegenüber Vorbehalte haben (Beutler et al., 2013).

Überhaupt ist die Fähigkeit sich selbst zu erkennen und kritisch zu hinterfragen ein wichtiger Grundbaustein, um therapeutisch effektiv zu arbeiten. Das Fehlen dieser Fähigkeiten führt zu einer Reihe von Folgeproblemen. Selbsterkenntnis schließt auch das Erkennen von narzisstischen Motiven mit ein. Diese werden für *Wahrnehmungsverzerrungen* verantwortlich gemacht (Leitner et al., 2012). Studien zeigen, dass nur 20 % der von Patienten erlebten Verschlechterungen vom Therapeuten bemerkt werden. Außerdem neigen viele Therapeuten dazu, sich selbst bei positiven Ergebnissen die Hauptverantwortung zuschreiben und sich bei negativen Verläufen kaum beteiligt zu sehen (ebd.).

Allerdings färbt eine Verunsicherung bezüglich der eigenen Wirksamkeit negativ auf den Behandlungsprozess ein, denn negative Erwartungshaltungen auf Therapeutenseite zu Beginn der Therapie können die gesundheitliche Entwicklung von Klienten negativ beeinflussen (Conrad, 2009; siehe auch 3.2)

Ein weiteres Problem, das mit fehlender Selbstreflexion in Verbindung gebracht werden kann, ist der mangelnde Umgang mit *negativen Gegenübertragungen*. Löst der Klient beim

Therapeuten negative Gefühle aus und reagiert der Therapeut unreflektiert im Sinne dieser Gefühle, kann er den Behandlungsprozess schädigen (Mohr, 1995). Dass unfreundliches und feindseliges Verhalten ebenfalls zu negativen Effekten führt (Beutler et al., 2013), bedarf keiner weiteren Erklärung. Dasselbe gilt für ein dominantes Beziehungsverhalten. Therapeuten, die diesen Charakterzug an sich tragen, erreichen eher schwache Behandlungsergebnisse (ebd.). Es ist denkbar, dass dominantes Verhalten bestimmte Reaktionen provozieren kann, die problematisch für die Therapie sind, wie z. B. Abwehr oder Einschüchterung auf Seiten des Klienten. Der emotionale Zustand des Therapeuten ist ebenfalls von Belang. *Hohe Burnout-Werte* führen zu einem schlechteren Behandlungsergebnis (ebd.).

Gerade ein „innerer Mangel" seitens des Therapeuten birgt die Gefahr für unethisches und grenzverletzendes Verhalten. Dass gerade diejenigen, die helfen sollen, bewusst Hilfesuchende schädigen, ist bittere Ironie, aber leider nicht selten Realität. Insbesondere die Gefahr, *Bedürfnisse nach Macht, finanzieller Bereicherung, emotionaler und sexueller Befriedigung* über Klienten auszuagieren – verbunden mit der Unfähigkeit, Grenzen zu halten und zu setzen – werden als Ursachen und Quellen für schwere Schäden und Nebenwirkungen angegeben (Leitner et al., 2012).

4.4.4.2 Fehler durch die professionelle Rolle des Therapeuten

Psychotherapeuten werden in ihrem Verhalten nicht nur durch ihre Charaktereigenschaften beeinflusst, sondern auch wegen ihrer Profession durch vielerlei theoretischer Konzepte und Vorannahmen determiniert. Somit ist auch in diesem Bereich eine Fehlerquelle zu vermuten. Leitner et al. (2012) konnten durch ihre Forschungsarbeit belegen, dass das *unflexible Festhalten* an bestimmten Grundhaltungen, Therapieinterventionen und Therapiedosis, sich sehr schädlich auf den psychotherapeutischen Prozess auswirken kann. Die Wichtigkeit der Flexibilität wird immer wieder betont (Beutler et al, 2013). Demgegenüber steht die starke Einschränkung, die durch den Einsatz von Manualen erreicht wird. Der *Einsatz von Manualen,* sozusagen die verordnete Unflexibilität, wurde ursprünglich als Möglichkeit gesehen, therapeutische Prozesse zu kontrollieren und standardisieren und somit die Behandlungsqualität zu erhöhen. Allerdings weisen einige Studien darauf hin, dass die Qualität der Behandlung durch Manuale nicht unbedingt verbessert wird, sondern dass im Gegenteil durch starkes

Anhaften an spezifische Therapiemodelle oder - Techniken ein negativer Einfluss auf Arbeitsbeziehungen und Therapieergebnisse genommen wird (ebd).

Dass eine Therapie vor allem dann wirkungsvoll ist, wenn sie auf den jeweiligen Klienten abgestimmt ist, zeigen auch die Forschungsergebnisse zur *Direktivität* von Therapeuten. Die Abwehr des Klienten ist hier von entscheidender Bedeutung. Ist sie stark ausgeprägt, erweist sich eine direktive Haltung als ungünstig, umgekehrt ist bei Klienten mit geringer Abwehrhaltung ein direktives Vorgehen vorteilhaft (ebd.).

Auch der Einsatz von therapeutischen Techniken ist nicht in jedem Fall unproblematisch. So können Interventionen schädlich sein, wenn sie undurchdacht, an falscher Stelle eingesetzt (Conrad, 2009) und nicht gut beherrscht werden (Leitner et al., 2012).

4.4.5 Klientenseitige Ursachen

Auch der Klient tritt in den Therapieprozess mit seinen ganz individuellen Eigenschaften ein, die mehr oder weniger Einfluss auf die Therapiebeziehung und damit auf den Therapieoutcome ausüben. Zudem werden in der Fachliteratur einige Diagnosen als problematisch für den Therapieerfolg angesehen.

4.4.5.1 Persönlichkeitseigenschaften, die sich negativ auf die Therapie auswirken können

Folgende Klientenvariablen begünstigen einen negativen Therapieoutcome: *mangelnde Motivation, Klientenwiderstand (*Clarkin & Levy, 2013), *niedrige Frustrationstoleranz, mangelnde Introspektionsfähigkeit, mangelnde Bereitschaft persönliche Defizite wahrzunehmen, mangelnde Beziehungsfähigkeit des Klienten, negative Einstellungen gegenüber dem Therapeuten oder psychosozialer Behandlungen im Allgemeinen* (Conrad, 2009) und *schlechte Reflexionsfähigkeit* (Leitner et al., 2012).

Der Beitrag des Klienten zur therapeutischen Beziehung steht mit dem Therapieergebnis in Zusammenhang. Forschungsergebnisse lassen darauf schließen, dass *Bindungsangst* und die *Vermeidung von Vertraulichkeit* die Entwicklung einer therapeutischen Beziehung behindern kann. Zudem scheint das emotionale Bedürfnis des Klienten für die Entwicklung einer stabilen Beziehung wichtig zu sein. Klienten die solche Bedürfnisse nicht aufweisen, beenden die Behandlung vorzeitig (Clarkin & Levy, 2013). Es konnte außerdem festgestellt werden, dass

Perfektionismus vor der Behandlung in allen Therapiebedingungen einen negativen Einfluss auf den Outcome hat (ebd.).

Das geringe Selbstwertgefühl und die verzweifelte Lage vieler Klienten birgt zudem die Gefahr einer erhöhten Folgebereitschaft. Die Interventionen und Reaktionen des Therapeuten werden unhinterfragt und protestlos hingenommen und können den Klienten in eine Lage bringen mehr mit sich machen zu lassen als gut ist (Kleiber, 1990). Überhaupt verführt ein Mangel, wie schon bei den Therapeutenvariablen zu sehen war, dazu, den professionellen therapeutischen Rahmen zu verlassen. Denn neben diesen Persönlichkeitseigenschaften gilt eine *mangelnde soziale Einbettung* als Gefahr, durch die Therapie Schaden zu nehmen. Leitner et al. (2012) fanden in ihrer Online-Befragung heraus, dass Klienten, welche die Qualität und Quantität ihrer Sozialkontakte als unbefriedigend einschätzen, häufiger Gefahr laufen, in ein Abhängigkeitsverhältnis zu ihren Psychotherapeuten zu geraten und sich von ihrer sozialen Umwelt noch weiter zu isolieren.

Abhängigkeitsverhältnisse, in ihrer Struktur laut Hoffmann et al. (2008) „Bedürfnisbefriedigung in der Zweisamkeit der Therapie", erhöhen die Gefahr, dass eine Therapie wirkungslos oder schädlich für den Klienten ist. Hierbei spielt das Geschlecht des Klienten eine Rolle, allerdings in Form der Geschlechterkonstellation. Leitner et al. (2012) dazu: *„Frauen, die von einem männlichen Therapeuten behandelt werden,* [sind] *einem größeren Risiko ausgesetzt [...], im Laufe der Therapie an Lebenszufriedenheit zu verlieren, in ein verstricktes Abhängigkeitsverhältnis zu geraten, von der Therapie überfordert zu sein und die Therapie vorzeitig zu beenden, als bei anderen Geschlechterkonstellationen"* (ebd., S.77).

Inwieweit der *Sozioökonomischer Status* oder die *ethnische Zugehörigkeit* des Klienten für den Behandlungsmisserfolg eine Rolle spielt, konnte bisher von der Forschung nicht eindeutig geklärt werden (Clarkin & Levy, 2013).

Die hier aufgeführten nicht-diagnostischen Klientenvariablen, spielten bisher in der Forschung eine eher untergeordnete Rolle, obwohl diese Merkmale großen Einfluss auf den Erfolg einer Psychotherapie haben. Clarkin und Levy (2013) stellen sogar fest, dass diese bei der Prognose von Psychotherapieergebnissen hilfreicher sind als DSM-basierte Diagnosen. Für die Autoren wird zudem deutlich, dass Klienten-Variablen erst durch die Merkmale des Therapeuten wirken können. In dem Zusammenhang erscheint es wichtig, wie es dem Therapeuten gelingt, mit Klientenmerkmalen umzugehen.

4.4.5.2 Der Einfluss von Störungsbildern auf die Therapie

Geht es um die Erkrankung des Klienten und den damit verbundenen negativen Einfluss auf das Behandlungsergebnis, so lässt sich das Ganze kurz zusammenfassen: Es ist entscheidend um welche Erkrankung es sich handelt, wie schwerwiegend diese ist und wie komplex sich diese gestaltet.

Auch der *Grad der Funktionsbeeinträchtigung* korreliert negativ mit der Prognose bei Störungen wie Depression, Zwangsstörung und Substanzabhängigkeit (Clarkin & Levy, 2013). Folgende *Diagnosen* gelten als problematisch für den Psychotherapieverlauf: *psychotische Episoden, Schizophrenie, bipolare affektive Störungen, Zwangsstörungen* und *chronische Depressionen* (Conrad, 2009). Von Störungsbild zu Störungsbild verändern sich die Erfolgsraten. So reagieren 20–30% der Klienten, bei denen eine Agoraphobie diagnostiziert wurde, nicht auf die Therapie, bei Zwangsstörungen sind es schon zwischen 40 und 50% der Klienten (Klepsch at al., 2009).

Gerade das Zusammenwirken verschiedener Diagnosen erschwert das Gelingen einer Therapie, vor allem, wenn bestimmte Komorbiditäten nicht erkannt werden. Besonders *Persönlichkeitsstörungen* spielen als zweiter Komorbiditäts-Faktor eine große Rolle. In vielen Studien zu schweren Depressionen wurden schlechtere Therapieergebnisse bei Vorliegen einer Persönlichkeitsstörung festgestellt. Dabei scheinen besonders die *Borderline-Persönlichkeitsstörung* mit schlechten Behandlungsergebnissen im Zusammenhang zu stehen (Clarkin & Levy, 2013).

4.4.6 Schlechte Therapiebeziehung

Die Bedeutung der therapeutischen Beziehung wurde schon betont (siehe 3.3). Es wurde auch deutlich gemacht, dass es ausreichend Fähigkeiten auf Seiten des Klienten und seitens des Therapeuten benötigt, um eine tragfähige Beziehung zu errichten. „*Diese Situation bildet in gewisser Weise ein Dilemma, da viele Personen mit behandlungsbedürftigen Störungen gleichzeitig gestörte interpersonelle Beziehungen aufweisen, die das Fortschreiten einer Therapie gefährden können*" (Clarkin & Levy, 2013, S.358). Dass die therapeutische Beziehung einen wichtigen Einfluss ausübt, wird auch noch einmal in den Ergebnissen im Endbericht des Forschungsprojektes RISK deutlich: „*PatientInnen, die die Therapiebeziehung als besonders problematisch beschrieben, zeigten ein wesentlich erhöhtes Risiko, von Therapiemisserfolgen betroffen zu sein oder die Therapie abzubrechen"* (Leitner et al., 2012, S.79). Die therapeutische Beziehung birgt insbesondere dort ein hohes Gefahrenpotenzial, wo Abhängigkeitsdynamiken entstehen. Denn ein Abhängigkeitsverhältnis erhöht das Risiko einer Selbstwertgefährdung und weiterer Verstärkung der emotionalen Labilität und gilt auch als ein Risikofaktor für Missbrauch in der Therapie (ebd.).

4.4.7 Behandlungsfehler

Ein gewisser Prozentsatz der Psychotherapien ist nicht nur im Sinne des Behandlungsziels erfolglos, sondern führt auch zu Verschlechterungen. In welchem Umfang dabei Behandlungsfehler eine Rolle spielen, ist zum gegenwärtigen Zeitpunkt der Forschung unbekannt (Medau et al., 2014). Allerdings wäre es unkorrekt anzunehmen, dass ein Behandlungsfehler mit einer erfolglosen Therapie gleichzusetzen ist, denn: *„[...] das Nichterreichen definierter Ziele ist zwar vielleicht ein Misserfolg, jedoch kann man auch ein Ziel verfehlen, ohne Fehler gemacht zu haben* (Bienenstein & Rother, 2009, S.45). Im umgekehrten Sinne ist es ebenso denkbar, dass die Behandlungsziele erreicht wurden, aber dem Therapeuten während der Behandlung kleinere oder größere Fehler unterlaufen.

Behandlungsfehler in ihrer Vielzahl umfassend und detailliert aufzuschlüsseln ist nicht unproblematisch. Das hat zwei Gründe. Zum einen steht die *„[...] explizite Forschung über Fehler in der psychotherapeutischen Behandlung [...] noch am Beginn"* (Medau, Jox, Dittmann & Stella, 2012, S.326), eine: *„[...] allgemein anerkannte Fehlerdefinition steht* [noch] *aus"* (Medau et al., 2014, S.329) und zum anderen ist diese Tatsache der Komplexität der therapeutischen Situation geschuldet, denn der psychotherapeutische Prozess besteht nicht aus überschaubaren Kausalzusammenhängen (Bienenstein & Rother, 2009, S.45).

Zwei Übersichten zu psychotherapeutischen Behandlungsfehlern werden nun aufgezeigt. Das erste Beispiel stellt eine der neuesten und das zweite Beispiel eine der umfassendsten Darstellungen von Behandlungsfehlern dar:

Medau et al. (2014) führten eine Interviewstudie durch, bei der die Forschungsfrage lautete: Wie klassifizieren und definieren Psychotherapeuten (PT) selbst Behandlungsfehler (BF)? Insgesamt nahmen 30 PT an den Interviews teil. Die Autoren extrahierten aus den

Interviews vier Hauptkategorien von Fehlern, die durch weitere Unterkategorien spezifiziert wurden:

1. **Technische Fehler:** fehlerhafte oder keine Diagnostik/ Katamnese oder Evaluation; fehlende(r) Transparenz/Auftrag/Konsens; fehlende Fähigkeit/ veraltete Technik; Vorlieben statt Evidenz; ignorieren eigener Grenzen (z.B. nicht weiter verweisen); falsche Routine (Medikationsfehler/ keine Informationsintegration); zu wenig Erfahrung/Anfängerfehler (z.B. falsches Timing).

2. **Einschätzungsfehler:** Fehler bei der Einschätzung der Indikation; Fehler bei der Einschätzung der Beziehung.

3. **Normative Fehler:** Verletzung der Therapeutenpflicht/-rolle (z.B. Schweigepflicht); Schönreden von Fehlern/ Schuld externalisieren.

4. **Systemfehler:** Fehlende Ressourcen (z.B. Zeit-/Personalmangel); Rahmenbedingungen (z.B. steile Hierarchie) (ebd., S. 339).

Auffällig bei dieser Fehlerauflistung ist, dass *Systemfehler* Teil dieser Definitionskette sind und somit nur die ersten drei Hauptkategorien im engeren Sinne Behandlungsfehler darstellen.

Eine weitere Auflistung von Behandlungsfehlern zeigt Sponsel (2002), dargestellt in *Tabelle 7*. Es ist das Bemühen von Sponsel zu erkennen, möglichst umfangreich alle relevanten Fehler zu identifizieren und aufzuführen. Der Autor hat im Vergleich zu seiner ersten Auflistung 1996 vier weitere „Kunstfehler" hinzugefügt und dennoch, wenn man die Behandlungsfehler von Medau et al. (2014) hinzuzieht, erkennt man, dass z.B. keiner der *normativen Fehler* bei Sponsel auftaucht, obwohl diese sich problemlos in seine Übersicht einfügen ließen. Das zeigt noch einmal die Grenzen auf, Behandlungsfehler in ihrer Gänze aufzuschlüsseln.

Tabelle 7

Potentielle Kunstfehler nach Sponsel (2002)

1. Behandlungsbeginn	5. Reflexion, Supervision und Fortbildung
• Keine Aufklärung über Dauer, Erfolgsaussichten & Risiken • Annahme eines Patienten, ohne sich dem Fall ausreichend gewachsen zu fühlen • Annahme eines Patienten, ohne dass Erfahrungen bezüglich der Problematik vorliegen und ohne dass dies in den probatorischen Sitzungen angesprochen/ abgeklärt wird	• Fehlende Reflexion, Autosupervision oder Supervision • Keine ständige, auch schulenübergreifende Fortbildung
2. Diagnostik, Therapieplanung & therapiebegleitende Evaluation	**6. Ergebnisse allgemeiner Psychotherapieforschung**
• Unangemessene Berücksichtigung des Realitätsrahmens des Einzelfalles (Zeit, Geld, Randbedingungen) • Suggestive Explorationsmeth. in d. Diagnostik • Fehlendes kritisches Hinterfragen angebotener Symptome und Symptomträger (Relativierung der Bedeutung) • Fehlen eines evaluierbaren Behandlungskonzeptes zur Beeinflussung der Störungen • Mangelhafte oder fehlende therapiebegleitende Evaluation und Dokumentation • Fehlende Berücksichtigung von Entwicklung, Bereitschaft, Fähigkeit und Einsicht der Patienten (z.B.Überforderung) • Fehlende Qualitätssicherung und Erfolgskontrolle • Geschönte Diagnostik, um PatientInnen nicht zu labeln	• Unzureichende Berücksichtigung aller therapierelevanten Dimensionen (Beziehung, Klärung, Ressourcenaktivierung, Bewältigung) • Fehlende Berücksichtigung des Einzelfalls • Fehlende Berücksichtigung des sozialen Umfeldes, mangelnde Anwendung bewährter Standardmethoden
	7. Persönlichkeitsrecht/Abstinenzgebot
	• Unangemessenes Eindringen in die Persönlichkeit des Patienten • Ausnutzung besonderer Merkmale, Fähigkeiten oder Dienste eines Patienten (z.B narzisstischer o. sexueller Missbrauch) • Einsatz von Brachialmethoden gegen das Abwehrsystem des Patienten • Verfolgen von Behandlungszielen gegen den Willen von Patienten
3. Abklärung oder Kooperation	**8. Effizienz und Wirtschaftlichkeit**
• Fehlende bzw. unangemessene Zusammenarbeit mit anderen beteiligten Therapeuten (z. B. Ärzten, Sozialpädagogen) • Mangelnde medizinische Abklärung	• Fehlender Versuch, so kurz bzw. schnell, so schonend (im Sinne der Lebenswerte des Patienten) so sicher (bewährte Methoden) und so ökonomisch wie möglich zu behandeln • Anwendung von Therapiemethoden, von denen bekannt ist, dass sie für ein gegebenes Problem nicht so gut geeignet sind wie andere • Fehlende Anwendung von Therapiemethoden oder Techniken, von denen allgemein bekannt ist, dass sie für ein vorhandenes Problem sehr wirkungsvoll sind
4. Therapeutische Beziehung	
• Mangelnder Aufbau einer tragfähigen Arbeitsbeziehung • Negative Rückmeldungen oder verstärktes negatives Befinden von Patienten führt nicht zu angemessenen Reaktionen (z.B.Veränderung der Therapierahmenmethode) • Aufbau unnötig starker Bindung (Abhängigmachen) Riskieren von Loyalitätskonflikten durch z.B. gleichzeitiger Behandlung Nahestehender	

Auffällig ist außerdem, dass Sponsel mit der Hauptkategorie 7, *Persönlichkeits-recht/Abstinenzgebot,* ein Thema einbindet, das von anderen Autoren als *ethischer Fehler* bezeichnet wird (z.B. Gahleitner, Hinterwallner, & Gerlich, 2013; Bienenstein & Rother, 2009; Margraf & Schneider, 2002). Diese massiven Grenzverletzungen werden gern gesondert gehandhabt. So fordern Medau et al. (2014), dass die „*[...] Priorität [...] auf alltäglich auftretende Fehler statt auf seltenere juristische Verfehlungen wie etwa sexuellen Missbrauch gelegt werden sollte*" (ebd., S.329). Oder auch: „*Die befragten Therapeuten distanzieren sich klar von sexuellen und anderen Übergriffen*" (ebd., S.330). Diese Grenzziehung ist nachvollziehbar, erhöht aber die Gefahr, den schleichenden Prozess zu verkennen, der einer massiven Grenzverletzung vorausgeht. Simon (1995) liegt somit völlig richtig, wenn er den natürlichen Verlauf, von kleineren Grenzüberschreitungen bis zu massiven Übergriffen, als rutschigen Abhang beschreibt.

Der Missbrauch von Klienten ist einer der massivsten Behandlungsfehler, den ein Psychotherapeut begehen kann. Laut Gahleitner et al. (2013) liegt ein Missbrauch dann vor, wenn: positive Übertragungsgefühle der Klienten zur Bedürfnisbefriedigung der Psychotherapeuten genutzt werden (*emotionaler Missbrauch*), die Behandlung, der narzisstischen Belohnung dient (*narzisstischer Missbrauch*), sexuelle Handlungen stattfinden (*sexueller Missbrauch*) oder Klienten von spirituellen oder politischen Ideen überzeugt werden sollen (*ideologischen Missbrauch*). Der Missbrauch von Klienten trägt teils bizarre Züge. Eine Klientin äußert sich in der Online-Studie der Donau-Universität-Krems wie folgt: „*Da sie* [die Therapeutin] *körperlich starke Beschwerden hatte, erledigte ich alle Einkäufe für sie, machte ihre Buchhaltung, putzte ihre Wohnung, erledigte ihre umfangreiche Korrespondenz*" (ebd., S.896). Auch das Nutzen der Arbeitskraft von Klienten sowie berufliche und geschäftliche Vergünstigungen fallen unter Missbrauch (ebd.).

Geht es um Grenzverletzungen in der Psychotherapie ist der sexuelle Missbrauch der Bereich, der am meisten erforscht wurde. Es muss laut Margraf (2009a) davon ausgegangen werden, dass 1–14% der männlichen und 0,2–8% der weiblichen Therapeuten sexuelle Kontakte mit Klienten unterhalten. Allerdings ist von einer hohen Dunkelziffer auszugehen, da dieses Thema schambesetzt und strafrechtlich relevant ist und laut Margraf zwischen 25 und 50% aller Therapeuten angeben, schon einmal Klienten behandelt zu haben, die sexuelle Kontakte mit früheren Therapeuten hatten. Mindestens die Hälfte der Fälle von sexuellen Missbrauch umfasst dabei Geschlechtsverkehr (ebd.), allerdings gehören zum sexuellen Missbrauch nicht nur sexuelle Handlungen, sondern auch erotisierende Verhaltensweisen oder eine nicht angemessene Exploration von sexuellen Erlebnissen der Klienten (Bormann, Sonntag & Vogt, 2013).

Massive Behandlungsfehler mit fatalen Auswirkungen können sich auch anders zeigen, wie Margraf (2009a) am folgenden Beispiel zeigt:

> Das Aargauer Obergerichts hat 1999 zwei Therapeuten wegen fahrlässiger Tötung verurteilt. Beiden Therapeuten hatten einen im Verlauf einer körperorientierten Gruppentherapie aggressiv gewordenen Patienten unter Einsatz ihres Körpergewichts am Aufstehen gehindert und immer wieder auf Matten und Kissen niedergedrückt. Auch als der Mann die Therapeuten lautstark zum Aufhören aufforderte, ließen sie nicht vom Patienten ab, da dieser nicht das vereinbarte Codewort, sondern Schimpfworte verwendete. Der Körper des Mannes erschlaffte und der Mann verstarb. (ebd. S. 280)

Erschreckend ist neben diesem Todesfall, dass die Teilnehmer der Gruppentherapie im Gegensatz zu den ausgebildeten Therapeuten den Ernst der Lage offenbar erkannten und die Therapeuten zum Aufhören aufforderten (ebd.). Selbst wenn der Klient überlebt hätte, ist offensichtlich, dass hier eine massive Grenzüberschreitung stattgefunden hat. Neben diesen erheblichen Grenzverletzungen gibt es eine Vielzahl von kleineren Fehlern, die im therapeutischen Prozess auftreten können (näheres dazu bei Bienenstein et al., 2009).

Wichtig erscheint der Umgang mit Fehlern. Denn negative Effekte, die durch Behandlungsfehler entstehen können, lassen sich mit einem proaktiven Umgang maßgeblich vermindern (Gahleitner et al., 2013). Der Umgang mit kleineren „alltäglichen Behandlungsfehlern" ist für Psychotherapeuten sicher besser zu handhaben als der Umgang mit schwerwiegenden Fehlern, da diese reversibel sind. Zumindest zeigen das die Ergebnisse der Pilotstudie von Medau et al. (2012). So sprachen die meisten Therapeuten ihre eigenen Fehler gegenüber den Klienten an und berichteten von positiven Reaktionen. Allerdings muss die hier ermittelte Fehlerfreundlichkeit kritisch betrachtet werden, da das Forschungsdesign die Gefahr in sich birgt, dass sozial erwünschte Antworttendenzen und eine Teilnahme-Bias das Ergebnis verfälschen. Es fehlt insgesamt an Forschung in diesem Bereich (ebd.).

Schwieriger gestaltet sich der Umgang mit groben Behandlungsfehlern, wie ethischen Verstößen. Gahleitner et al. (2013) dazu: *„Die betroffenen TherapeutInnen öffnen sich reflexiven Prozessen und den Anforderungen der ethischen Richtlinien nur wenig, die Selbst- und Fremdwahrnehmung*

82

ist verzerrt und die Fehler können daher auch nur schwer als solche erkannt und korrigiert werden" (ebd., S. 895).

4.4.8 Systemfehler

Es gibt kaum Forschung zu den Einflüssen, die Rahmenbedingungen auf den therapeutischen Prozess ausüben. Insbesondere fehlt in der Fachliteratur, die sich mit negativen Aspekten der Psychotherapie auseinandersetzt, dieser Aspekt nahezu gänzlich. Dennoch will ich an dieser Stelle diesem Thema die notwendige Aufmerksamkeit widmen, da psychotherapeutische Arbeit in keinem „Vakuum" stattfindet, sondern in Strukturen eingebettet ist, die den psychotherapeutischen Input, Prozess und Output erheblich mitbestimmen.

Das allgemeine Modell der Psychotherapie welches in Punkt 3.3.2 vorgestellt wurde, unterscheidet zwischen psychotherapeutischen Prozess als Handlungssystem und anderen größeren umgebenden Systemen, die seine funktionale Umgebung bilden und stellt eine gute Struktur dar, mit der sich Einflüsse ordnen lassen, die von „außen" auf den psychotherapeutischen Prozess einwirken. Die funktionale Umgebung bilden laut Orlinsky et al. (2013) folgende Systemebenen:

- Das **Behandlungssetting,** umfasst die Einrichtung in der die Behandlung durchgeführt wird (z.B. Universitäres Beratungszentrum, psychiatrische Klinik, stationäre Behandlungsabteilung einer Psychiatrie oder einer Praxis) und das im Behandlungssetting tätige Personal, das regelmäßig mit Patienten und Therapeuten interagiert (z.B. Sprechstundenhilfen, Supervisoren).
- Das **Versorgungssystem,** in dem das Behandlungssetting lokalisiert ist (z.B. Managed-Care-Organisationen und Gesundheitsvorsorgeorganisationen, d.H. HMOs).
- **Gesellschaftliche Institutionen** innerhalb oder außerhalb des Versorgungssystems (z.B. Wohlfahrtsbehörde, Gerichte, die Familien der Patienten und der Therapeuten).
- Der **Prozess des gesellschaftlichen, wirtschaftlichen und politischen Wandels,** der das Leben in der Gemeinde beeinflusst (z.B. Feiertage, Rezessionen, nationale Krisen).
- **Kulturelle Überzeugungen und Werte** in einer Gesellschaft üben ebenfalls einen bedeutenden Einfluss auf den therapeutischen Prozess aus (ebd., S.517-518).

Diese Systemebenen beziehen sich auf die US-amerikanische Gesellschaft, sind aber nahezu auf die deutschen Verhältnisse übertragbar. Die in dieser Übersicht stark betonten Managed-Care-

Organisationen und HMOs spielen im Gesundheitsversorgungssystem der Bundesrepublik Deutschland allerdings eine eher untergeordnete Rolle. Dadurch dass es in Deutschland seit 2007 einen „Zwang" zur Krankenversicherung gibt (die Krankenversicherungspflicht), weitere Versicherungen wie z.b. die Pflegeversicherung oder auch die Unfallversicherung mögliche Lücken in der finanziellen Abdeckung schließen, wird in Deutschland eine flächendeckende Grundversorgung gewährleistet. Die Versorgung von Patienten mit psychischen Erkrankungen erfolgt dabei auf mehreren Versorgungsebenen:

- Nichtprofessionelle Vorfeldeinrichtungen (Selbsthilfegruppen, Sozialbehörden)
- Professionelle Vorfeldeinrichtungen (Hausärzte, Beratungsstellen)
- Kernfeldeinrichtungen (Psychotherapeuten, Psychiater, psychiatrische Kliniken etc.) (Rabe-Menssen, 2009, S.18).

Mit dem Austausch zwischen den Versorgungsebenen steht und fällt die passgerechte ärztliche- oder psychotherapeutische Behandlung. Wie weit Fehlentwicklungen in der Psychotherapie mit und in Institutionen entstehen, gilt als nicht erforscht (Leitner et al., 2012). Überhaupt ist die gerechte Verteilung von Chancen und Ressourcen im Gesundheitssystem eine ethische Frage. So zeigen Studien die Tendenz, ältere Menschen zu benachteiligen und ihnen weniger adäquate Behandlung zukommen zu lassen (Reiter-Theil & Medau, 2009).

Augenscheinlich stellt die Finanzierung einer psychotherapeutischen Behandlung für Klienten in Deutschland kein Problem dar, da die Krankenkassen die Kosten für psychotherapeutische Behandlungen in der Regel übernehmen. Anders sieht es z. B im europäischen Ausland aus. In der schon zitierten Patientenbefragung der Donau-Universität Krems wurden öfter die unvermeidbar finanziellen Belastungen durch Psychotherapie erwähnt. Hier kann somit von einer unerwünschten Nebenwirkung ausgegangen werden, denn vielfach müssen dann Familienmitglieder und Freunde die Therapie mitfinanzieren und versetzen dadurch die Klienten in eine schwierige Lage, die von Verstrickung, Druck, Sorge und Schuld geprägt ist (Leitner et al., 2012). Probleme bei der Kostenübernahme in Deutschland treten auch vor allem dann auf, wenn eine Psychotherapie nicht von der Krankenkasse finanziert wird.

So werden die systemische Familientherapie und auch die Gesprächspsychotherapie zwar in Deutschland erfolgreich eingesetzt, aber werden als Therapieform nicht von der Krankenkasse finanziert. Weshalb Patienten weitgehend nur als Selbstzahler, durch Fahrten ins

Ausland oder Einweisung in spezielle Kliniken, hierzulande von diesem Verfahren profitieren können (Kriz, 2005).

Finanzielle Belastungen für die Betroffenen sind nur eine Konsequenz „zementierter bürokratischer Hürden", die neuere Forschungserkenntnisse nicht angemessen berücksichtigen und damit effektive Behandlungsangebote aus der Grundversorgung ausgrenzen. Denn ein Gesundheitssystem muss sich fortwährend reformieren, Behandlungsangebote erneuern, um den aktuellen Bedürfnissen gerecht zu werden, zumal psychische Erkrankungen einen großen volkswirtschaftlichen Schaden anrichten. Denn neben den direkten Behandlungskosten spielen hierbei die indirekten Kosten (z. B. durch Arbeitsunfähigkeit und Frühberentung) eine entscheidende Rolle und liegen höher als die direkten Behandlungskosten (Rief et al., 2006).

Des Weiteren sollte die Zusammenarbeit zwischen Hausärzten, Psychiatern und Psychotherapeuten optimiert werden. So gibt es in der Ärzteschaft immer noch Vorbehalte gegenüber psychologischen Psychotherapeuten. Ein Grund kann sicher auch im hohen Durchschnittsalter (52 Jahre) der deutschen Hausärzte liegen. Ein großer Anteil der Hausärzte verfügt demnach über keine speziellen Kenntnisse zur psychosomatischen Grundversorgung (Rabe-Menssen, 2009).

Doch selbst wenn Hausärzte psychische Erkrankungen erkennen und diagnostizieren, so garantiert das laut Rabe-Menssen (2009) aufgrund von Koordinations- und den eben beschriebenen Informationsmängeln noch keine adäquate Behandlung. Auch die Verzahnung von stationären und ambulanten Behandlungsmaßnahmen gilt als unzureichend (ebd.). Es gibt in Deutschland mehr stationäre Behandlungsplätze als ambulante Behandlungsplätze (Rief et al., 2006). Dieses Problem kann dazu führen, dass Klienten eine stationäre Behandlung beginnen, obwohl eine ambulante Behandlung passender gewesen wäre mit den Konsequenzen der Mehrkosten und eventuellen Fehlbehandlungen.

Eine starke Kraft geht von *kulturellen Überzeugungen und Werten einer Gesellschaft* aus. So wird z.B. die persönliche Beeinträchtigung psychisch erkrankter Menschen auch heute noch durch ein hohes Maß an Stigmatisierung und Diskriminierung verstärkt. Häufig entstehen den Betroffenen auch Probleme am Arbeitsplatz. Die Folge davon ist, dass viele Patienten aus Scham wegen einer psychischen Erkrankung keine Hilfe in Anspruch nehmen oder wenn sie hausärztliche Hilfe in Anspruch nehmen, von sich aus keine psychischen Beschwerden schildern. So berichten nur ca. 7% der psychisch Erkrankten dem Hausarzt ihre psychischen Symptome (Rabe-Menssen, 2009).

Die Globalisierung führt zu einer immer breiter und größeren Konkurrenzsituation im Wirtschaftsleben. Der Zwang zu Produktivitätssteigerung hat eine immer stärker werdende Verdichtung und Intensivierung zur Folge. Die Arbeit wird intensiver, komplexer und nimmt mehr Zeit in Anspruch (Kaluza, 2004).

Viel und aktuell in dem Zusammenhang diskutiert wird die „Ökonomisierung der Medizin" (Maio, 2011). Vor allem die Krankenhausversorgung ist durch einen zunehmenden ökonomischen Druck gekennzeichnet. Politische Entscheidungen verändern die Rahmenbedingungen der gesetzlichen Krankenkassen, die wiederum den ökonomischen Druck weitergeben und medizinisches Vorgehen, ärztliches Handeln und organisatorische Abläufe in den Krankenhäusern beeinflussen. Die damit verbundene häufige Konfrontation zwischen ökonomischer Argumentation und medizinischer Sichtweise sehen viele Ärzte, die einen Wechsel des Krankenhausträgers z. B. vom kommunalen Träger zum privaten Kranken-hausträger erleben, als einen Widerspruch gegenüber dem hippokratischen Eid (Bundesärztekammer, 2007).

Während meiner Praktika in zwei Rehakliniken habe ich ähnliches beobachten können. Psychologische Interventionen die zweimal innerhalb eines Jahres um jeweils 10 Minuten verkürzt wurden, wie mir Mitarbeiter erzählten, sowie eine Psychologische Abteilung die sichtlich gestresst wirkte und einen hohen Krankenstand aufwies. Besonders auffällig erschien in dem Zusammenhang eine Psychologin die nervlich angeschlagen und Burnout gefährdet wirkte und jede Woche einen „Stressvortrag" für Patienten hielt.

Die zunehmende Ökonomisierung des Gesundheitssystems, die eine Herausforderung für Mitarbeiter und Patienten darstellt, wird sicher in Zukunft eine der zentralen Themen in unserer Gesellschaft darstellen. Es geht um die Verteilung von Ressourcen, nicht nur bezogen auf unser Gesundheitssystem, sondern gesamtgesellschaftlich und global. Politische Entscheidungen werden sich als Last oder Gunst erweisen.

Systemfehler, die der kleinsten Systemebene zuzuordnen sind, also dem Behandlungssetting, betreffen laut Scheppokat (2004) „[...] die ungenügende Berücksichtigung menschlicher Fähigkeiten und ihrer Grenzen bei Dienstplänen, Arbeitsorganisation, Anordnungen, Information. Zu den Faktoren, die mentale Fehlfunktionen begünstigen und die

Fehlerquoten erhöhen, gehören emotionale Alterationen – nicht selten Störungen der Arbeitsatmosphäre, mangelndes Vertrauen oder Streit innerhalb der Arbeitsgruppe" (ebd. S. A999).

Immer wieder werden Qualitätsmängel als Folge von Zeitdruck erwähnt (Reiter-Theil & Medau, 2009; Leitner et al., 2012; Maio, 2011, Rabe-Menssen, 2009).

Weitere Einflussfaktoren, die den Systemfehlern zugerechnet werden müssen, betreffen die geringe „Psychotherapeutendichte" und mangelnde Erreichbarkeit, mangelhafte Ausbildung oder fehlende Supervisionsangebote und das Fehlen weiterer qualitätssichernder Maßnahmen.

4.5 Therapiespezifische Negativwirkungen und deren Ursachen

Bisher wurden negative Therapieeffekte hauptsächlich ohne Bezug zu einem bestimmten Therapieverfahren diskutiert. Im Folgenden werden nun speziell *psychodynamische Therapien, die Verhaltenstherapie* und *die Gruppenpsychotherapie* hinsichtlich ihrer negativen Effekte dargestellt. Wie eingangs erwähnt, erfolgte die Auswahl dieser Psychotherapieverfahren aufgrund der großen Bedeutung, die sie für die Patientenversorgung in Deutschland haben.

4.5.1 Negativeffekte psychodynamischer Therapien

Publikationen, welche Negativwirkungen von psychodynamischen Verfahren zum Inhalt haben, sind kaum vorhanden. Vorhandenen Quellen, speziell die Psychoanalyse betreffend, verweisen allerdings auf das erhöhte Potential psychodynamischer Verfahren, Negativwirkungen zu erzeugen (Leitner et al., 2012; Margraf, 2009a; Hoffmann et al., 2008; Drigalski, 2002; Grawe et al., 1994). Nicht zuletzt aus dem Grund wird die Psychoanalyse von einigen Autoren teils heftig kritisiert (Drigalski, 2002; Grawe et al.,1994).

Zudem lassen sich in der Geschichte der Psychoanalyse Behandlungsfälle namhafter Psychoanalytiker finden, bei denen es zu Grenzüberschreitungen kam und/oder eine lebenslange Therapieabhängigkeit vorlag. So muss das Verhalten Jungs als sexueller Missbrauch bezeichnet werden, da er mehrere Affären mit Klientinnen unterhielt. Freud selbst, der Jung in einer dieser Affären schützte („Spielreinaffäre"), hatte mit seinem Behandlungsfall des „Wolfsmenschen" trotz von ihm gegensätzlicher Darstellungen eine lebenslange Therapieabhängigkeit vorliegen, da sich der Klient bis an sein Lebensende von unterschiedlichen Psychoanalytikern behandeln ließ und auch finanziell abhängig blieb (Margraf, 2009a; Hoffmann et al.,2008). Oft zitiert wird ebenfalls die psychoanalytische Behandlung von Marilyn Monroe, bei der erfahrene und bekannte Psychoanalytiker beteiligt waren und die gelinde gesagt als „unglücklich" bezeichnet werden kann (Hoffmann et al., 2008).

Besonders hart attackiert wird die Psychoanalyse von der Medizinerin Drigalski (2002), die eine ganze Reihe von Beispielen aufführt, bei denen Personen entweder als Klienten oder als Psychotherapeuten in Ausbildung durch die Psychoanalyse geschädigt wurden. Die Autorin, die in den 70ger Jahren eine Lehranalyse durchlaufen hatte, berichtet außerdem davon, dass Ausbildungskollegen, die bei einem bestimmten Psychoanalytiker ihre Lehranalyse durchliefen, in Suizidgefahr gerieten, einige sich auch tatsächlich suizidierten und dass sie selbst nach 5 Jahren die Ausbildung abbrach, da ihr der Verlauf bedrohlich erschien. Bemerkenswert erscheint, dass es sich wie es Drigalski formuliert, um *„durchaus stabile Ausbildungskollegen"* handelte (ebd., S. 60).

Nicht so extrem aber dennoch bedenklich ist eine Negativwirkung, die laut Kächele und Hilgers (2013) im engen Zusammenhang mit psychoanalytischen Langzeitbehandlungen steht. Aufgrund von *Verformungen der Persönlichkeit* können alltägliche Dialoge ohne tiefgründige Bemerkungen oder Hinterfragen seitens des Klienten nicht mehr geführt werden. Dieses bedeutungsschwangere Fehl- und Überinterpretieren zeigt sich laut Kächele und Hilgers (2013) auch bei einigen Psychotherapeuten, die eine Lehranalyse durchlaufen haben: *„Auf einer Party wurde einer der Autoren dieses Beitrages [...] mit einem leichten Schnupfen von einer analytischen Kollegin mit bedeutungsvollem Blick und gesenkter Stimme ungefragt angesprochen: vor der Krankheit kommt die Kränkung"* (ebd., S.46).

Studien, die ihren Fokus auf Negativwirkungen der Psychoanalyse im Speziellen und Negativwirkungen der psychodynamischen Verfahren im Allgemeinen legen, sind rar. Grawe et al. (1994) beklagen in ihrer Übersichtsarbeit, dass keine empirischen Nachweise zur Psychoanalyse vorliegen, die einem ausreichenden wissenschaftlichen Standard entsprechen. Sie zitieren einzig die „Memminger Studie", eine naturalistische Studie, die in den 1950ger Jahren begann und über drei Jahrzehnte durchgeführt wurde und bei der 42 Klienten teilnahmen. Hier konnte zwar die Wirksamkeit der Psychoanalyse nachgewiesen werden, ein Ergebnis, das heute wiederholt als empirisch bestätigt gilt (Shedler, 2011; Wissenschaftlicher Beirat Psychotherapie, 2004; Hau, 2005), aber es zeigten sich erheblich negative Effekte: 26% der Klienten galten als verschlechtert, sechs Klienten suizidierten sich, drei Klienten wurden unter der Behandlung psychotisch (nach Meinung der Behandler im Zusammenhang mit der Übertragungsbeziehung) und fünf Klienten blieben in dauerhafter Therapieabhängigkeit. Bis zum Zeitpunkt der damaligen letzten Katamnese verweilten diese bis zu 28 Jahre in kontinuierlicher Therapie (ebd., S.181-182).

Auch bei der viel aktuelleren „RISK-Studie" der Donau-Universität Krems zeigte sich im Vergleich zu anderen Therapieformen ein hoher Anteil an Klienten in tiefenpsychologisch-psychodynamisch orientierter Psychotherapie, deren Lebenszufriedenheit sich verschlechtert hatte, die sich stark belastet und isoliert fühlten und auch eher zum Abbruch der Therapie neigten. Da es einen signifikanten Zusammenhang negativer Verläufe mit der Länge der Therapie gab und kürzere psychodynamische Therapien keinesfalls mehr negative Verläufe produzierten, (ein Ergebnis das auch Grawe et al., 1994 stützen) ist für Leitner et al. (2012) ungeklärt inwieweit „[...] die Länge der Therapie eher von Bedeutung ist als die psychodynamische Orientierung" (ebd. S.81).

Empirisch nachgewiesen werden konnte laut Faller (2004) außerdem der schädigende Effekt der psychodynamischen Technik Übertragungsdeutung. Empirische Befunde weisen darauf hin, dass diese mit Vorsicht eingesetzt werden sollten (ebd.). Als weitere Fehlerquelle bei der Arbeit mit Übertragungsdeutungen gilt die theoriegeleitete Gegenübertragung. Diese findet statt, wenn sich das theoretische Wissen eines Therapeuten darüber, welche Gegenübertragungsgefühle bei einem bestimmten Störungsbild typisch sind (z.B. Angst vor Aggression und Gefühle äußerster Anstrengung bei Borderlinestörung) im Sinne einer selbsterfüllenden Prophezeiung auswirken (Conrad, 2009).

Zusammenfassend lässt sich feststellen, dass es zwar mehrere Hinweise darauf gibt, dass psychodynamische Langzeitbehandlungen, vor allem die Psychoanalyse im Vergleich zu anderen Therapieverfahren, vermehrt negative Wirkungen hervorbringen, dass aber bisher kaum empirische Belege vorliegen, die diese These widerlegen oder bestätigen können. Einzig der Einsatz der Technik Übertragungsdeutung wurde in dem Maße auf Negativwirkungen untersucht, so dass sich hier eindeutige Aussagen machen lassen. Grenzüberschreitungen, die als klare Behandlungsfehler zu bezeichnen sind, können nicht allein psychodynamischen Verfahren angerechnet werden. Allerdings ist durchaus fraglich, inwieweit die Psychoanalyse als intensive langfristige Behandlung, die tief in die Persönlichkeitsstruktur eingreift und regressive Prozesse bewusst fördert, Grenzüberschreitungen begünstigt. So bemerkt Margraf (2009a) sicher nicht zu Unrecht, dass „[...] alle Maßnahmen, die besonders lang dauern, besonders invasiv sind [...] oder sich durch ein besonderes Machtgefälle auszeichnen, auch ein besonderes Gefahrenpotenzial haben" (ebd., S.287).

4.5.2 Negativeffekte der Verhaltenstherapie

Auch in der Verhaltenstherapie gibt es so gut wie keine Forschung zu Negativwirkungen. Zudem gilt die Verhaltenstherapie als „nebenwirkungsarm" (Jacobi et al., 2011; Margraf, 2009a; Hoffmann et al., 2008; Jacobi, 2002) und scheint somit unergiebig für diesen Forschungsbereich zu sein. Spekulieren lässt sich natürlich auch darüber, ob diese Etikettierung kritische Forschung verhindert. Der unbefriedigende Stand der Misserfolgsforschung in der Verhaltenstherapie hat einige Autoren dazu veranlasst, die Gründe in „forschungspraktischen Schwierigkeiten" zu suchen (Fiedler, 2003; Jacobi, 2002).

Jacobi (2002) führt mehrere Faktoren auf, die bei der Erforschung negativer Therapieeffekte eine Rolle spielen können:

- **Publikationspraxis:** Nur „schöne" Ergebnisse werden publiziert, d.h. dem eigenen Vorverständnis und der eigenen „Schule" entsprechend.
- **Mangelnde theoretische Konzeptualisierung für Misserfolge**: Was nicht in einen konzeptualen Rahmen passt, wird schwer entdeckt, nicht richtig interpretiert bzw. nicht erforscht.
- **Methodologische Probleme**: Z.B Vernachlässigung des Zeitraums nach der Therapie, geringe Stichprobengröße oder auch Schwierigkeiten mit der Komplexität der Datenerhebung.
- **Unklare Kriterien für klinisch signifikante Veränderungen**: Mit der Veränderung der Erfolgsparameter lässt sich die „Erfolgsquote" massiv verändern.
- **Ethische Probleme**: Negativer Outcome lässt sich aus ethischen Gründen nicht experimentell manipulieren.
- **Übertragung von Labor-Erkenntnissen in die Praxis**: Auch, wenn in experimentellen Studien keine negativen Effekte verhaltenstherapeutischer Behandlungen zu finden sind, bleibt die Aussage darüber, ob sich dies im „Feld" genauso verhält, spekulativ (ebd., S.93-97).

Ein weiteres Problem ergibt sich durch die Nutzung von Metaanalysen, mit deren Hilfe ja vor allem die hohe Effektivität von Psychotherapie im Allgemeinen und Verhaltenstherapie im

Speziellen nachgewiesen werden konnte (Lambert & Ogles, 2013). Da durch Metaanalysen „durchschnittliche" Erfolgsangaben interpretiert und mit „durchschnittlichen" Erfolgswerten von Kontrollgruppen verglichen werden (Fiedler, 2003), können nach (Jacobi, 2002) allerdings keine Aussagen über mögliche Verschlechterungen im Rahmen einer Therapie getroffen werden. Nach Fiedler (2003) fällt die Anzahl derjenigen Patienten, die wenig oder nicht von Psychotherapien profitieren oder die sich gar im Verlauf der Behandlung verschlechtern, umso größer aus je sorgsamer die Binnenvarianz der Änderungen untersucht wurde und je genauer damit dieser Varianzeffekt anhand vorliegender guter Kontrolldaten beurteilbar wird.

Auch die Interpretation von Studienergebnissen kann sehr unterschiedlich erfolgen und damit auch Misserfolgswerte beeinflussen, wie die Studie der Dresdner verhaltens-therapeutischen Institutsambulanz (Jacobi et al., 2011) zeigt. Die Autoren geben *Verschlechterungen* mit *0.8–4.3%* an, ein auf dem ersten Blick durchaus „gutes" Resultat. Allerdings sind in diesem Ergebnis Therapieabbrecher nicht eingerechnet. Therapieabbrecher wurde mit 19,2% beziffert, wobei 11,9% als problematisch galten. Diskutiert werden könnte anhand dieser Studie außerdem, inwieweit es sich mittel- und langfristig auf den Klienten auswirkt, wenn trotz einer abgeschlossenen Therapie keine Veränderung erzielt wird (Nonresponse bewegt sich in dieser Studie zwischen 27.1 und 48.6%). Diese Kritikpunkte lassen sich auch auf andere Therapieverfahren übertragen.

In der Literatur ist speziell zu negativen Auswirkungen verhaltenstherapeutischer Interventionen wenig zu finden. Im Folgenden werden nun verschiedene verhaltenstherapeutische Interventionen, die entweder durch ihren ganz spezifischen Charakter oder durch Fehlanwendungen bestimmte negative Effekte erzeugen können, aufgeführt:

4.5.2.1 Expositionsbehandlungen

Trotz einer korrekt durchgeführten Expositionsbehandlung werden regelhaft durch diese Intervention negative Gefühle hervorgerufen, die nach Haupt et al. (2013) als Nebenwirkungen anzusehen sind, aber für die Auflösung der Furchtstruktur oft nicht zu umgehen sind (Nestoriuc & Rief, 2013). Ein weiteres Risiko besteht laut Nestoriuc und Rief (2013) darin, dass der Abruf angstrelevanter Erinnerungsinhalte auch andere traumatisierende Erinnerungen auslösen kann. Margraf (2009a) zeigt an einem Fallbeispiel, dass eine mangelhafte Vorbereitung zu einem Abbruch der Behandlung und zu einer erschwerten Wiederaufnahme durch einen anderen

91

Therapeuten führte. Der Misserfolg einer Expositonsbehandlung kann nach Nestoriuc und Rief (2013) zudem ebenfalls negative Effekte mit sich führen. Gefühle der Hoffnungslosigkeit und Einbrüche im Selbstbewusstsein des Klienten können dann die Folge sein, was sich unter anderem negativ auf den Therapieerfolg und auf mögliche weitere Therapien auswirken kann.

4.5.2.2 Kompetenztraining

Eine häufig eingesetzte Intervention in der Verhaltenstherapie ist das soziale Kompetenztraining. Hier zeigt sich ein „Übertrainieren" problematisch. Die negativen Folgen eines solchen Trainings können dann Ich-Bezogenheit und Rücksichtslosigkeit sein. „Kompetenzen" die sich erheblich nachteilig für Klienten auswirken können. Außerdem muss auf den kulturellen Hintergrund der Klienten geachtet werden. Da es in der Definition von Selbstsicherheit große kulturelle Unterschiede gibt, muss das Selbstsicherheitstraining der kulturellen Lebenswirklichkeit angepasst sein und ist in seiner klassisch reinen Form z.B. bei diversen asiatischen Kulturen nicht indiziert. Eine weitere Fehlindizierung kann bei bestimmten Persönlichkeitsstörungen angezeigt sein. So können z.B. behandlungsbedürftige narzisstische Strukturen eines Klienten weiter verstärkt werden (Nestoriuc & Rief, 2013).

4.5.2.3 Kognitive Umstrukturierung

Da jede Veränderung von Einstellungen oder persönlichen Standpunkten Konsequenzen in verschiedenen Lebensbereichen mit sich führt, besteht eine natürliche Gefahr von Nebenwirkungen. In ungünstigen Fällen kann eine intensive kognitive Arbeit auch zu einer inadäquaten Selbstbeobachtung führen oder eine Pathologisierung individueller Lebensereignisse nach sich ziehen (Nestoriuc & Rief, 2013).

4.5.2.4 Entspannungsverfahren

Kontraindikationen liegen im Bereich der sozialen Phobie, Blut-, Spitzen-, Verletzungsphobie sowie bei akuten Migräne-Attacken vor. Sollte ein Entspannungsverfahren trotz einer Kontraindikation durchgeführt werden, liegt ein Behandlungsfehler vor. Insbesondere bei Angstpatienten können viele Entspannungsverfahren kontraindiziert sein, da allein schon das Schließen der Augen Ängste intensivieren kann. Nebenwirkungen die während eines

Entspannungsverfahrens auftreten, können unter Umständen Missempfindungen und Sensitivierungsprozesse gegenüber eigenen körperlichen Empfindungen sein. Auch kann es zu Grübeleien und Negativassoziationen kommen oder hypochondrische Selbstbeobachtungen können sich verstärken. Eine missglückte Entspannung kann außerdem zu Gefühlen der Hoffnungslosigkeit und Unzulänglichkeit führen. Um eine gute Passung zischen Intervention und Klient zu gewährleisten, empfiehlt sich das Ausprobieren und das gemeinsame Auswählen verschiedener Entspannungsverfahren (Nestoriuc & Rief, 2013).

Ein Argument, das lange gegen die Verhaltenstherapie geführt wurde, betrifft das Phänomen der Symptomverschiebung. Hitzig geführte Diskussionen vor allem in den 1950er und 1960er Jahren sind zum Erliegen gekommen und das Konzept der Symptomverschiebung gilt als überholt (Klepsch et. al., 2009) und hat laut Jacobi (2002) keine Relevanz mehr für die moderne Verhaltenstherapie, allerdings unter dem Vorbehalt, dass *„[...] verhaltenstherapeutische Interventionen strategieabgeleitet und nicht allein entsprechend einer Achse-I Diagnose als Symptomtechnik angewandt wurden"* (Klepsch et. al.,2009, S.265).

Eine weitere kontroverse Diskussion ist hingegen hochaktuell. Sie betrifft den Einsatz von Behandlungsmanualen. In den letzten 20 Jahren gab es eine Flut von Behandlungsmanualen und Leitlinien. Laut Klepsch et. al. (2009) sind sich Praktiker, aber auch in der Ausbildung tätige Supervisoren darüber einig, dass: *„[...] die Wirklichkeit vieler Verhaltenstherapien anders aussieht als in den aus den wissenschaftlichen Untersuchungen abgeleiteten Behandlungsmanualen"* (ebd., S.262). Allerdings gibt es auch Autoren (Fiedler, 2003), welche behaupten, dass gerade durch den Einsatz von Therapiemanualen und deren genaue Befolgung nachweislich bessere Therapieergebnisse erzielt werden können.

Zusammenfassend lässt sich festhalten, dass die Verhaltenstherapie im Vergleich zu anderen Therapiemethoden eher geringere negative Wirkungen hervorzubringen scheint. Allerdings gibt es kaum Studien, die sich explizit mit Negativwirkungen der Verhaltenstherapie beschäftigen. Das Interesse scheint nicht besonders groß zu sein, negative Aspekte der Verhaltenstherapie systematisch und detailliert zu erforschen. Im Gegensatz dazu, zeigt eine Fülle an Studien eindrucksvoll die Effektivität der Verhaltenstherapie. Mehrere forschungsmethodische Gründe lassen diese positiven Ergebnisse allerdings fraglich erscheinen.

4.5.3 Negativeffekte der Gruppentherapie

Auch für die negativen Effekte von Gruppentherapien gilt, dass die Forschung bisher kaum in die Thematik eingedrungen ist. So gibt es wenig Datenmaterial zu dem Thema. Allerdings ist bei Gruppentherapien, im Vergleich zu Einzeltherapien, mit deutlich mehr negativen Effekten zu rechnen (Strauß & Mattke, 2013). Wegen der Komplexität des gruppentherapeutischen Charakters, bei der ja nicht nur zwei Individuen mit ihren spezifischen Merkmalen miteinander interagieren, sondern abhängig von der Gruppengröße eine Vielzahl weiterer Individuen, sind die positiven aber auch die negativen Einflussvariablen deutlich erhöht.

Dazu kommen gruppenspezifische Merkmale. Soziale Aggregate, wie kleine Gruppen oder Teams, bringen ganz natürlich *Rollen* innerhalb des sozialen Verbundes hervor. So ist auch die Rollenübernahme einzelner Gruppenmitglieder unvermeidlich (Tschuschke, 2010), was die therapeutische Arbeit vor weitere Herausforderungen stellt.

Hohe Abbruchraten sind eine Folge dieser besonderen Therapiesituation. Studien zu Abbruchraten zeigen, dass zwischen 17% bis über 50% der Klienten, die eine Gruppentherapie beginnen, die Behandlung vorzeitig abbrechen (Mattke, 2008). Und Bostwick (1987) ermittelte in einer Übersicht von 21 Studien über Therapieaussteiger sogar: *„...the dropout rates [...] ranged from 15% to 70%, with a mean of 35%...“* (ebd., S.119). Problematisch sind Drop-outs, da sich ein Aussteigen für die verbliebenen Gruppenmitglieder nachteilig auswirken kann. Denn diese können sich entmutigt fühlen und die Therapie ebenfalls vorzeitig beenden wollen (Strauß & Mattke, 2013).

Yalom (1999) nennt folgende Gründe für das Ausscheiden von Patienten aus Gruppentherapien:

- äußere Faktoren (z.B. Umzug, Terminprobleme)
- Abweichungen von der Gruppennorm
- Probleme mit Nähe
- Angst vor emotionaler „Infektion"
- Unfähigkeit den Gruppenleiter mit anderen zu teilen
- Komplikationen durch gleichzeitige Einzel- und Gruppentherapie
- Provokateure
- unzulängliche Ausrichtung auf die Therapie
- Komplikationen durch Bildung von Untergruppen (ebd., S.246)

Die Gründe für negative Effekte sind natürlich auch in der Gruppentherapie verschieden verortet. Burlingame, MacKenzie und Strauß (2013) finden in den Variablen *Patient, Gruppenleiter, strukturelle Faktoren, Kleingruppenprozesse und formale Veränderungsmodelle*, die Gründe für den gruppentherapeutischen Outcome, und damit auch für negative Effekte in der Gruppentherapie (ebd., S. 1039). Roback (2000) stellt fest, dass die Ergebnisse einer Gruppentherapie sich aus einem komplexen Zusammenspiel zwischen *Therapeut-, Gruppen- und Klientenfaktoren* zusammensetzen.

Der von Burlingame et al. (2013) aufgeführte Einflussfaktor *strukturelle Bedingungen* beinhaltet *die Zusammensetzung der Gruppe, das Gruppenformat, die Gruppengröße* und *die „Passungsfrage"* (Strauß & Mattke, 2013). Die Herstellung der richtigen Passung stellt dabei eine besondere Herausforderung dar, denn anders als bei Einzeltherapien gibt es für Gruppentherapien keine probatorischen Sitzungen im eigentlichen Sinne. Dabei gilt es als ein gesichertes Ergebnis der Gruppentherapieforschung, dass eine adäquate Vorbereitung die Effektivität von Gruppentherapien deutlich erhöht (Hoffmann et al., 2008). Speziell im angloamerikanischen Raum gibt so genannte *pre-trainiung groups*, die eine Vorauswahl ermöglichen (Strauß & Eckert, 2002). Die Praxis von Vorbereitungsgruppen ist im deutschen Sprachraum allerdings unüblich.

Tabelle 8

Kriterien, die bei der Klienten-Auswahl für Gruppentherapien beachtet werden sollten (nach Mattke, 2008, S. 35)

Geeignete Kandidaten für eine Gruppentherapie	Klienten, die möglicherweise für Gruppentherapien ungeeignet sind.
• Haben Probleme in Beziehungen mit Eltern, Freunden und/oder Partner(in).	• Berichten über sehr viele interpersonale Konflikte im Leben – erscheinen aggressiv, abwehrend, agitiert oder feindselig in ihren Beziehungen.
• Haben eine Vorstellung davon, dass die momentanen Beziehungen durch die Dynamik der Ursprungsfamilie beeinflusst wird.	• Sind ausgeprägt schüchtern oder vermeidend; haben gar keine Freunde bzw. kein System sozialer Unterstützung.
• Können ihre Gefühle in gewissen Maß ansprechen und haben bereits gewisse Einsichten bzw. Vorerfahrungen mit Behandlungen.	• Berichten über sehr häufige selbst-schädigende Verhaltensweisen – Drogen- oder Alkoholmissbrauch, parasuizidale Handlungen und riskantes Sexualverhalten.
• Können durchaus in einer schweren Krise sein oder Suizidgedanken haben oder eine psychotische Episode hinter sich haben, sollten aber in der Lage sein, mit anderen in Kontakt zu treten, ihre Gefühle zu besprechen und bereit sein, mit der Gruppe und deren Leitern einen Vertrag zu schließen.	• Berichten über ausgeprägte somatische Symptome und bringen diese nicht mit psychologischen Ursachen in Verbindung; neigen generell zur Verleugnung, präsentieren ihre Probleme sehr diffus und vage und nehmen ihre Probleme nicht richtig ernst.
• Scheinen wenigstens eine gesunde Beziehung zu haben und basale Kommunikationsfähigkeit ohne interferierende psychotische Symptome.	• Äußern das sichere Gefühl, sich in einer Gruppe nicht behaglich zu fühlen, nicht in der Lage zu sein, Probleme offen diskutieren zu können oder stellen die Wirksamkeit einer Gruppe ernsthaft in Frage.
• Sollten sich an die Rahmenvereinbarungen (wie Zeiten, Dauer der Gruppe) halten können.	• Leiden unter einer ausgeprägten Paranoia, die sich auf die Arbeit des Einzelnen mit der Gruppe negativ auswirken würde.
• Haben evtl. eine übermäßige Abhängigkeit an einen Einzeltherapeuten entwickelt und können von den multiplen Übertragungen in einer Gruppe profitieren.	• Könnten dazu neigen, von den Zielen der Gruppe in einer Weise abzuweichen, dass die anderen Gruppenmitglieder dadurch beeinträchtigt werden.
• Sollten, falls sie zuvor eine Einzel- oder Gruppentherapie gemacht haben, in früheren Therapien soweit zurechtgekommen sein, dass sie wenigstens teilweise über positive Erfahrungen verfügen.	• Zeigen schwerwiegende Inkompatibilitäten mit einem oder mehreren Teilnehmern der für sie vorgesehenen Gruppe.
• Sollten durch die Teilnahme an einer Gruppe nicht im Hinblick auf ihre Gesundheit gefährdet sein.	• Können die Sicherheit der Gruppe auf irgendeine Weise gefährden.
• Sollten nicht fremdmotiviert für die vorgesehene Gruppentherapie sein.	

Um das Funktionieren einer Psychotherapiegruppe zu gewährleisten, ist eine Indikationsentscheidung notwendig. Allerdings kritisieren Strauß und Eckert (2002), dass Praktiker bei der Indikationsentscheidung oft ausschließlich Kriterien berücksichtigen, die einen Ausschluss notwendig machen. Inwieweit eine Gruppentherapie überhaupt sinnvoll für den Klienten ist und ob dieser mit den anderen Gruppenmitgliedern ein harmonisches Ganzes bildet, wird demnach eher vernachlässigt. Als Grund wird von den Autoren angegeben, das Kontraindikatoren klarer definiert sind als Kriterien für die Aufnahme in einer Gruppe.

Mattke (2008) zeigt einige Auswahl- und Ausschlusskriterien, die bei der Zusammenstellung einer Psychotherapiegruppe beachtet werden sollten (siehe *Tabelle 8*). Das zu strenge Handhaben von Auswahlkriterien ist laut Strauß und Eckert (2002) dabei nicht in jedem Fall gegeben, da durchaus auch Klienten mit vielen negativen prognostischen Merkmalen von einer Gruppentherapie profitieren können, solange die Gruppe „funktioniert", also aus nicht zu vielen Klienten mit ungünstigen Prognosen besteht.

Therapeutenfaktoren, die sich bezüglich einer Gruppentherapie negativ auswirken können, betreffen laut Roback (2000): *Führungsstil, Auswahlfehler und Persönlichkeitsfaktoren.* *Auswahlfehler* sind in einem gruppentherapeutischen Kontext sicher häufiger als bei Einzeltherapien, da die spezifische gruppentherapeutische Komplexität ein größeres Ausmaß an Variablen bereithält. *Persönlichkeitsfaktoren* sind schon ausreichend diskutiert worden und werden nun nicht weiter betrachtet. Eine Gruppe stellt, wie schon eingangs erwähnt, verschiedene Rollen zur Verfügung. Die Führungsrolle steht typischerweise dem Leiter zu, der somit Werte und Normen der Gruppe prägt. Bei der Prägung dieser Werte und Normen fällt dem Gruppenleiter eine nicht unerhebliche Macht zu, die durchaus ein Gefahrenpotential in sich birgt (Strauß & Eckert, 2002). Darüber hinaus gibt es zwei Führungsstile, die sich laut Roback (2000) negativ auf Gruppenprozesse auswirken:

1. The **charismatic leaders** who were overly confronting, pressuring members for immediate and highly personal self-disclosure, and who imposed their values on the participants, often failed to recognize crumbling defenses in fragile members. There was one exception, a therapist with this leadership style who appeared to be aware of fragile members and was constrained with them.

2. Another leadership style predictive of negative outcomes was **the "laissez-faire" approach** in which the leader was negligent in providing adequate structure and protection for group

members. Harmful effects occurred when negatively charged member-to-member feedback took place without protective norms (ebd., S.116).

Eine besondere Bedeutung kommt außerdem den Gruppenprozessen zu, da in Gruppen eine Vielzahl kontraproduktiver Interaktionsmuster vorkommen können, wie Rivalitäten, offene Aggressivität, Unterwürfigkeit, Rückzug etc. (Hoffmann et al., 2008). Die Autoren werfen grundsätzlich die Frage auf, ob der Gruppenprozess nicht generell die Gefahr in sich birgt, dass einzelne Gruppenmitglieder durch komplexe gruppendynamische Prozesse ungünstige Positionen zugewiesen bekommen, die zwar für die Entwicklung der Gruppe essentiell sind, für den Einzelnen aber schädlich wirken können (ebd.).

Tabelle 9

Typische Probleme von Gruppentherapien (Strauß & Mattke, 2013, S. 83)

Problemfeld	Beispiel
Gruppe als Bühne	• Patient erhält eine Bühne, die eigene Pathologie auszuagieren und intensiviert seine Störung • Gruppe wird zur Bühne für die Demonstration eigener Unzulänglichkeiten
Vertraulichkeitsverletzungen	• Vertrauens- und Schweigepflichtsbrüche durch andere führen zu negativen Folgen
Mobilisierung von Ängsten	• Gruppe mobilisiert soziale Ängste und Schamgefühle
Soziale Vergleiche	• Patient erlebt sich als besonders schlimmer Fall • Patient fühlt sich unverstanden durch die anderen • Antipathien innerhalb der Gruppe hemmen konstruktive Auseinandersetzungen
Ansteckende Effekte	• Patienten lernen Falsches von anderen • Patient lässt sich von der Hoffnungslosigkeit anderer anstecken • Patient lässt sich von der Psychopathologie anderer anstecken und identifiziert sich mit malaptiven Mustern
Soziodynamische Prozesse	• Konflikte innerhalb der Gruppe führen zu Verschlechterungen • Patient wird in unterlegene Position gebracht und verharrt dort
Aktualisierungen	• Berichte anderer triggern traumatische Erfahrungen • negative Übertragungen zu anderen Gruppenmitgliedern reaktualisieren interpersonale Konflikte

Es gibt vier Positionen bzw. Rollen, die stetig in Gruppen wirken: Alpha-, Beta-, Gamma- und Ommegaposition (Tschuschke, 2010). Insbesondere der Ommegaposition, dem „Schwarzen Schaf", ist erhöhte Aufmerksamkeit geschuldet, da in jeder Gruppensitzung eine oder mehrere Personen in solcher Position gehalten werden. Gelingt es nicht, diese Position aufzulösen, sind negative Folgen und Schäden für die Betroffenen vorprogrammiert (Hoffmann et al., 2008).

Tabelle 9 zeigt typische Probleme von Gruppentherapie-Klienten, die von Strauß und Mattke (2013) zusammengestellt wurden.

Die Risiken einer Gruppentherapie können verringert werden, wenn eine spezifische Aus-, Fort- und Weiterbildung erfolgt und dabei, wie Strauß und Mattke (2013) anmerken, vor allem solide Kenntnisse der Sozialpsychologie vermittelt werden, was laut den Autoren bisher noch nicht durchgängig üblich ist.

4.6 Zusammenfassung

Die wichtigsten Ergebnisse des zweiten Teils dieses Buches werden nun in Anstrichen zusammengefasst und den folgenden Fragestellungen zugeordnet: Wie häufig treten Verschlechterungen auf? Was ist unter negativen Therapiewirkungen zu verstehen? Was sind die Ursachen für negative Therapiewirkungen?

Wie häufig treten Verschlechterungen auf?

- Psychotherapie führt nicht nur zu Verbesserungen, sondern auch regelhaft zu Verschlechterungen, wie durch Studien nachgewiesen werden konnte. Nicht ganz eindeutig ist hingegen, wie häufig Verschlechterungen durch Psychotherapie auftreten. Übersichtsarbeiten schätzen die Raten mit 5 bis 15% (Lambert & Ogles, 2013), wobei einige aktuelle Studien erheblich von diesen Einschätzungen abweichen (Jacobi et al., 2011; Leitner et al., 2012).

- Nicht nur wegen ihrer Ungenauigkeit müssen die Werte für Verschlechterungen in der Psychotherapie kritisch betrachtet werden, sondern auch aufgrund einer fehlenden verbindlichen Begriffsdefinition und Klassifikation negativer Therapieeffekte. Zudem können eine ganze Reihe weiterer forschungsmethodischer Probleme (Jacobi, 2002) die realistische Einschätzung negativer Therapieeffekte erschweren.

- Das systematische Ausklammern von Therapieabbrechern bei der Bewertung von Therapiemisserfolgen stellt allerdings zweifelsfrei eine Verzerrung der Realitätsabbildung dar eine Tatsache, die kritisiert wird (Klepsch et al., 2009).

Was ist unter negativen Therapiewirkungen zu verstehen?

- Die meisten Autoren unterscheiden zwischen Nebenwirkungen, Behandlungsfehlern und Missbrauch (Strauß et al., 2011; Gerlich, 2011; Margraf, 2009a; Hoffmann et al., 2008).
- Negative Effekte führen nicht zwangsweise zu einem Therapiemisserfolg. Im Gegenteil müssen diese z.b. bei einer Expositionsbehandlunge regelmäßig in Kauf genommen werden, um einen Therapieerfolg zu gewährleisten (Nestoriuc & Rief, 2013).
- Das Risiko für Negativwirkungen ist konstant im Therapie-Prozess vorhanden.
- Negative Effekte können leicht sein und keine weiteren Konsequenzen zur Folge haben, wie es beispielsweise bei einem Ausbruch von Weinen und Verzweiflung während einer Therapiesitzung der Fall ist, sich stark auswirken, z.b. indem die Therapie Konflikte in der Partnerschaft auslöst oder extrem sein, wie Fälle von Suizidierungen zeigen.
- Nach Haupt et al. (2013) ist es notwendig negative Effekte, die während der Therapie auftreten, zu erfassen und deren Ursachen zu bestimmten. Außerdem plädiert der Autor dafür, immer die Methoden auszuwählen, die das Auftreten negativer Effekte eher unwahrscheinlich machen.
- Therapieschäden sind negative Effekte, die nicht nur kurzfristig auftreten, sondern anhaltend sind und sich für den Klienten erheblich nachteilig auswirken (Hoffmann et al., 2008). Diese können sich auf psychischer, sozialer, physischer und finanzieller Ebene zeigen (Hinterwallner et al., 2011).
- Missbrauch in der Therapie hat für betroffene Klienten erheblich negative Konsequenzen. Vor allem der sexuelle Missbrauch, der als gut erforscht gilt, führt bei einem Großteil der betroffenen Klienten zu Schädigungen (Ben-Ari & Somer, 2004; Somer & Saadon, 1999; Munz, 2010).
- Nicht einfach zu klären ist, was unter Misserfolg zu verstehen ist. Schwierigkeiten ergeben sich durch den multidimensionalen Charakter der Psychotherapie. So kann sich z.b. die Symptomatik des Klienten verbessern aber die sozial- und berufliche Situation

verschlechtern. Unklarheit herrscht außerdem darüber, inwieweit Therapie-Ablehner als Misserfolg gewertet werden sollen.

Was sind die Ursachen für negative Therapiewirkungen?

- Falsche Passungen zwischen Behandlungsmodell und Störungsmodell, Klient und Behandlungsmodell, Therapeut und Klient, sowie Therapeut und Störung des Klienten werden mit Therapieabbrüchen in Verbindung gebracht (Eckert et al., 2004). Eine Behandlung trotzt mangelnder Passung birgt zudem die Gefahr einer Schädigung.

- Die Diagnostik hat für die Indikationsstellung und Therapieplanung sowie als Kontroll- und Steuerungsfunktion des Behandlungsfortschritts eine wichtige Bedeutung. Eine aktuelle Studie (Medau et al., 2014) konnte zeigen, dass diagnostische Fehler unter den Behandlungsfehlern recht häufig auftreten und damit evtl. eine wichtige Rolle bei der Entstehung negativer Therapieeffekten spielen. Des Weiteren kann die Vergabe einer Diagnose zur Stigmatisierung führen, mit teils erheblichen Nachteilen für die betroffenen Klienten (Ortlieb, 2012).

- Es zeigt sich, dass einige Psychotherapeuten unabhängig von ihrer theoretischen Ausrichtung und der Symptombelastung des Klienten regelhaft schlechte Behandlungsergebnisse erzielen (Lambert, 2007). Bestimmte Persönlichkeitseigenschaften (z.B. dominantes Beziehungsverhalten) sowie die Art und Weise, wie die professionelle Rolle ausgeübt wird (z.B. unflexibles Festhalten an bestimmte Therapieinterventionen), gelten als Ursachen für negative Therapieeffekte. Andere Eigenschaften entwickeln erst in Beziehung mit bestimmten Klientenvariablen negatives Potential (z.B. Alter, Geschlecht).

- Eine ganze Reihe von Klientenvariablen werden für negative Therapieverläufe verantwortlich gemacht (z.B. schlechte Reflexionsfähigkeit, mangelnde Introspektions- fähigkeit, niedrige Frustrationstoleranz). Zudem führen bestimmte Störungsbilder vermehrt zu negativen Therapieergebnissen (Bordcrline-Persönlichkeitsstörung, Schizophrenie, bipolare affektive Störung).

- Klienten, welche ihre Therapiebeziehung als besonders problematisch beschreiben, zeigen ein wesentlich erhöhtes Risiko, von Therapiemisserfolgen betroffen zu sein oder die Therapie abzubrechen. Die therapeutische Beziehung birgt zudem vor allem dort ein hohes Gefahrenpotenzial wo Abhängigkeitsdynamiken entstehen (Leitner, 2011).

- Auch wenn schwere Behandlungsfehler negative Effekte begünstigen, ist ihr Anteil an den ermittelten Verschlechterungsraten unklar. Behandlungsfehler können vielfältig, unterschiedlich schwer und unterschiedlich starke Konsequenzen haben. Grenzüberschreitungen und jeglicher Missbrauch stellen dabei die schwersten Behandlungsfehler dar. Inwiefern Therapeuten mit ihren Fehlern umgehen, ist zudem wichtig für deren Wirkung.

- Es gibt kaum Forschung zu den Einflüssen, die Rahmenbedingungen auf den therapeutischen Prozess ausüben. Dabei ist davon auszugehen, dass Rahmenbedingungen auf die Qualität der Versorgung und Behandlung psychischer Erkrankungen einwirken. Durch die nicht ausreichende Zahl an ambulanten Behandlungsplätzen kommt es immer wieder zu stationäre Aufenthalten, was zu Fehlbehandlungen und höheren Kosten führen kann. Außerdem können kulturelle Überzeugungen und Werte bezüglich der Stigmatisierung und Diskriminierung psychisch Kranker eine Rolle spielen. Auch die zunehmende Ökonomisierung des Gesundheitswesens stellt für die Qualität der Psychotherapie eine Herausforderung dar.

- Auch wenn es Hinweise darauf gibt, dass psychodynamische Langzeitbehandlungen, vor allem die Psychoanalyse im Vergleich zu anderen Therapieverfahren, vermehrt negative Wirkungen hervorbringt, liegen bisher kaum empirische Belege vor, die diese These widerlegen oder bestätigen können. Allerdings ist zu vermuten, dass die Psychoanalyse mit ihrer Länge, Intensität und Förderung regressiver Prozesse, Grenzüberschreitungen und negative Effekte begünstigt.

- Die Verhaltenstherapie scheint im Vergleich zu anderen Therapiemethoden geringere negative Wirkungen zu erzeugen. Allerdings gibt es kaum Studien, die sich explizit mit Negativwirkungen der Verhaltenstherapie beschäftigen. Im Gegensatz dazu zeigt eine Fülle an Studien eindrucksvoll die Effektivität der Verhaltenstherapie. Mehrere forschungsmethodische Gründe lassen diese positiven Ergebnisse allerdings fraglich erscheinen (Jacobi, 2002).

- Auch für die negativen Effekte von Gruppentherapien gilt, dass die Forschung bisher kaum in die Thematik eingedrungen ist. Wegen der Komplexität des gruppentherapeutischen Geschehens ist in Gruppentherapien im Vergleich zu Einzeltherapien mit deutlich mehr negativen Effekten zu rechnen. Zudem fallen die ermittelten Abbruchraten erheblich aus (Mattke, 2008; Bostwick,1987) und liegen weit über denen von Einzeltherapien. Negative Effekte können sich unter anderem durch ansteckende Effekte oder Vertraulichkeitsverletzungen zeigen.

5 Diskussion der Ergebnisse

Dass Psychotherapie wirkt, gilt als empirisch bestätigt. Nach Lambert und Ogles (2013) finden sich bei Betrachtung verschiedener Störungsbilder mittlere Effektstärken von 0,67 bis 1,1. Aber Psychotherapie führt nicht nur zu Verbesserungen, sondern auch regelhaft zu Verschlechterungen. Auch darin besteht mittlerweile kein Zweifel. Die Raten für Verschlechterungen werden auf 5 bis 15% geschätzt (ebd.). Allerdings lassen einige foschungsmethodische Gründe (Jacobi, 2002; Lambert & Ogles, 2013) an den besonders optimistischen Erfolgs- bzw. Misserfolgsraten zweifeln. Vor allem bei der Beurteilung der Misserfolgsraten ist aus einigen Gründen Vorsicht angebracht. Hier stellt das fragwürdige systematische Ausklammern von Therapieabbrechern bei der Bewertung von Therapiemisserfolgen (Klepsch et. al., 2009) ein gutes Beispiel dar.

Auch ist es problematisch zu sehen, dass bei der Berechnung von Effektstärken in den diversen Wirksamkeitsstudien Mittelwertvergleiche zugrunde liegen. Somit kann angenommen werden, dass in vielen Psychotherapiestudien nur deshalb so selten negative Ergebnisse auftreten, weil es für den Nachweis eines positiven Effektes ausreicht, dass sich *nur die meisten* Versuchsteilnehmer im Zuge der Therapie in die erwünschte Richtung entwickeln (Liegl & Leitner, 2011).

So konnten Liegl und Leitner (2011) anhand der Studie der Donau-Universität Krems „Psychotherapie: Risiken, Nebenwirkungen und Schäden" zeigen, dass bei einer undifferenzierten Betrachtung von Durchschnittswerten in der Gesamtstichprobe, diese im Sinne einer Verbesserung der Lebenszufriedenheit in beeindruckendem Maße interpretiert werden können und bei dieser einseitigen Sicht, die Werte von fast jedem fünften Klienten unberücksichtigt bleiben.

Ein weiteres Problem, welches im Zusammenhang mit unerwünschten und negativen Wirkungen von Psychotherapie genannt werden muss, besteht nach wie vor im Mangel an Wissen über deren Phänomenologie, Risikofaktoren und Präventionsmöglichkeiten. Auch mangelt es derzeit nach Kaczmarek und Strauß (2013) an praktikablen Instrumenten zur Erfassung problematischer Entwicklungen und deren Systematisierung. Nach Haupt et al. (2013) ist das Vorhandensein einer klaren Terminologie nicht zuletzt wegen des Haftungsrechts und einer möglichen strafrechtlichen Verantwortung wichtig, aber vor allem damit

Nebenwirkungen in der Psychotherapie offener diskutiert und häufiger erforscht werden. Eine lebhafte Diskussion ist nach Bormann et al. (2013) vor allem beim Thema Erotik und sexuelle Anziehung in der psychotherapeutischen und psychosozialen Behandlung wünschenswert, da nur so Standards für den konkreten Umgang mit entsprechenden Gefühlen weiterentwickelt werden können.

Kächele und Hilgers (2013) glauben zudem, dass die Bereitschaft, mit unerwünschten Nebenwirkungen als Teil des professionellen Handelns zu rechnen, wächst, wenn man sich vor Augen führt, dass keinesfalls Kunstfehler oder Übergriffe allein verantwortlich sind, sondern Nebenwirkungen von zahlreichen Faktoren abhängen, die sich teilweise oder in Gänze dem Einfluss des Behandlers entziehen.

Mit diesem Buch habe ich unter anderem das Ziel verfolgt, vorhandene Klassifikationen zusammenzufassen und ein möglichst einheitliches Bild darzustellen. Es zeigt sich, dass es durchaus möglich ist, die verschiedenen Konzepte zusammenzuführen. Um einiges problematischer dürfte es sein, in der Praxis diese Ausdifferenzierung vorzunehmen.

Es mangelt nicht nur an einer einheitlichen Klassifikation von Negativwirkungen, sondern auch die Erforschung der Wirkfaktoren, welche den Verbesserungen der Psychotherapie zugrunde liegen, sind nicht abschließend bestimmt, was vor allem hinsichtlich der allgemeinen Wirkfaktoren auffällig ist. So steht eine allgemein anerkannte Begriffsdefinition allgemeiner Wirkfaktoren noch aus und eine Vielzahl von Konzepten existieren nebeneinander. Dazu variiert die Anzahl der psychotherapeutischen Variablen zwischen diesen Konzepten sehr stark (Pfammatter et al., 2012).

Auch wenn eindeutig nachgewiesen ist, dass durch Psychotherapie größtenteils Verbesserungen erzielt werden können, aber auch Verschlechterungen vorkommen, stellt sich die Frage, welche Ursachen dem zu Grunde liegen. Die Therapieschulen haben ihre eigenen Erklärungstheorien, die sich teils erheblich voneinander unterscheiden. Dennoch sind Wirkunterschiede zwischen den Therapieschulen kaum nachzuweisen (Lambert & Ogles, 2013), was eher für die Bedeutung allgemeiner Wirkfaktoren spricht. Studien, welche die Wirksamkeit von Laienhelfern und professionellen Therapeuten miteinander vergleichen, können nicht wie erwartet einen klaren Vorteil professioneller Therapeuten gegenüber Laienhelfern ausmachen (siehe 3.6.2), ein Ergebnis welches ebenfalls die Annahme stützt, dass vor allem allgemeine Wirkfaktoren in der Psychotherapie bedeutsam sind. Die besondere Bedeutung der allgemeinen

Wirkfaktoren, vor allem im Vergleich zu spezifischen Wirkfaktoren, wird zudem auch von Lambert (2013) betont.

Die Bedeutung allgemeiner Wirkfaktoren scheint sogar so weit zu gehen, dass es möglich erscheint, eine allgemeine Psychotherapie zu entwickeln, die alle zentralen Wirkfaktoren in sich vereinigt. Klaus Grawe hat sich in dieser Entwicklung hervorgetan (Grawe, 2005). Mit seinem Tot, 2005, ist sicher einer der bedeutendsten Vertreter dieser Entwicklung verloren gegangen. Es bleibt abzuwarten, ob in Zukunft dieser Ansatz dahingehend weiterverfolgt wird, dass sich auf Grundlage dessen, tatsächlich eine neue Therapieform entwickeln kann.

Trotz dieser durch die Forschung wiederholt gestützten Erkenntnis folgt jedoch das aktuell vorherrschende Forschungsparadigma vorrangig einem medizinischen Modell, welches die spezifischen therapeutischen Interventionen als Hauptfaktor für die Wirksamkeit der Psychotherapie bestimmt und die Entwicklung störungsspezifischer Behandlungsmethoden vorantreibt (Orlinsky, 2008). Eine Trend, der oft und zu recht kritisiert wird (Pfammatter et al., 2012; Helle, 2006; Orlinsky, 2008) und die Realität auf den Kopf zu stellen scheint.

Dennoch wäre es vorschnell, Psychotherapieforschung und Behandlungsmethoden allein auf allgemeine Wirkfaktoren auszurichten. So heben Lambert et al. (2013) sicher zu recht hervor, dass sich die zukünftige Forschung nicht nur auf die wichtigen therapieübergreifenden Faktoren fokussieren sollte, sondern auch auf die spezifischen Effekte bestimmter Interventionen. Die Autoren merken weiter an, dass auch die Forschung, die der Konzeption von Behandlungsmanualen zu Grunde liegt, einen wichtigen Beitrag dazu liefern kann.

Dass sich allgemeine und spezifische Wirkfaktoren nicht gegenseitig ausschließen müssen, sondern miteinander in einem engen Beziehungsverhältnis stehen, zeigen Orlinsky et al. (2013) mit ihrem „Allgemeinen Modell der Psychotherapie" und veranschaulichen Pfammatter et al. (2012) mit ihrem Taxonomie-Projekt eindrucksvoll. Pfammatter et al. (2012) zeigen zudem, dass sich die verschiedenen allgemeinen Wirkfaktoren aufgrund ihrer differenziellen Zusammenhangsmuster mit spezifischen Techniken genauer beschreiben und zum Teil zusammenfassen lassen.

Auf Grundlage meiner Literaturstudie ergeben sich einige Fragestellungen, die sich auf spezifische Wirkmechanismen beziehen und die von der Forschung bisher noch nicht eindeutig beantwortet werden konnten, zu denen aber einige Hinweise vorliegen:

- Erhöhen bestimmte Geschlechterkombinationen das Risiko für Therapie-Negativeffekte? Und wenn ja, was sind die Ursachen dafür? Zwei aktuelle Studien scheinen darauf hinzuweisen, dass das Geschlecht bzgl. negativer Therapieeffekte bedeutsam ist (Liegl & Leitner, 2011; Ehrhardt & Petzold, 2011).

- Sind bei bestimmten Störungsbildern bestimmte Interventionen besonders effektiv? Diese Frage lässt sich bisher nur für die *Exposition* bezüglich verschiedener Phobien eindeutig mit ja beantworten (Grawe et al., 1994; Emmelkamp, 2013).

- Gibt es Unterschiede zwischen den Therapieverfahren hinsichtlich der Erzeugung negativer Therapieeffekte? Eine aktuelle Studie verweist auf ein erhöhtes Risikopotential psychodynamischer Verfahren (Leitner et al., 2012). Vor allem die Psychoanalyse wird mit negativen Therapieeffekten in Verbindung gebracht (Drigalski, 2002).

Trotz einer fehlenden einheitlichen Klassifikation allgemeiner Wirkfaktoren hat die Forschung die Wirkung einiger dieser Wirkfaktoren eindeutig nachweisen können. Ein allgemeiner Wirkfaktor, der als empirisch am besten bestätigt gilt, ist die *Therapiebeziehung* (Orlinsky et al., 2013). Ein Ergebnis, das auch von der Placeboforschung gestützt wird (Požgain, et al., 2014). Allerdings begünstigt nicht nur eine gute Therapiebeziehung den Therapieerfolg, sondern eine problematische Therapiebeziehung gilt auch als zentrale Fehlerquelle (Gahleitner et al.,2013), vor allem wenn es um Missbrauch in der Psychotherapie geht.

Auch weil die Therapiebeziehung vom Therapeuten und Klienten gebildet wird, erfahren Therapeuten-Variablen und Klienten-Variablen eine besondere Bedeutung in der Psychotherapieforschung. Mehrere dieser Variablen stehen im engen Zusammenhang zum Therapieoutcome (Beutler et al., 2013, Clarkin & Levy, 2013). Dabei spielen nicht-diagnostische Klientenvariablen in der Forschung bisher eine eher untergeordnete Rolle, obwohl diese Merkmale großen Einfluss auf den Erfolg einer Psychotherapie haben und nach Clarkin und Levy (2013) bei der Prognose von Psychotherapieergebnissen hilfreicher sind als DSM-basierte Diagnosen. Zudem betonen die Autoren, dass Klienten-Variablen erst durch die Merkmale des Therapeuten wirken können. In dem Zusammenhang erscheint es wichtig, wie es dem Therapeuten gelingt, mit Klientenmerkmalen umzugehen (ebd). Ein Hinweis der zum einen wiederholt den Beziehungsaspekt betont, aber auch *die Verantwortung des Therapeuten* hervorhebt.

Die besondere Bedeutung, die Therapeuten für den Therapie-Outcome haben, konnte eindeutig nachgewiesen werden (Lambert, 2007; Strauß & Nodop, 2013). So zeigt sich, dass systematische Unterschiede zwischen einzelnen Therapeuten auftreten, die unabhängig von der Symptombelastung des Patienten und der theoretischen Ausrichtung des Therapeuten sind (Strauß & Nodop, 2013). Diese Ergebnisse weisen nicht nur auf die Bedeutung allgemeiner Wirkfaktoren hin, sondern es ergeben sich auch einige Fragen hinsichtlich der grundsätzlichen Eignungen für den Beruf des Psychologen/Psychotherapeuten. Ein Thema, welches bisher noch ziemlich unterrepräsentiert ist.

Hält man sich vor Augen, dass ein hoher Prozentsatz der Therapeuten, die Übergriffe durchführen, dies chronisch tun (Gahleitner et al., 2013) und respektlose und/oder nicht mit dem Berufscodex für Psychotherapeuten konformgehende Verhaltensweisen immer bei den gleichen Therapeuten auftreten (ebd.), drängt sich die Frage auf, ob es Therapeuten gibt, die für ihren Beruf evtl. ungeeignet sind. In dem Zusammenhang ergeben sich einige Fragestellungen:

- Ist es notwendig, Auswahlverfahren für die Zulassung zum Studium einzuführen, welche die persönliche Eignung für den Beruf des Psychologen/Psychotherapeuten testen und die Auswahlverfahren für die Psychotherapieausbildung zu verschärfen/überprüfen?
- Ist der Numerus Clausus angemessen, um die Eignung für ein Psychologiestudium feststellen?
- Sollte das Studium und die Therapieausbildung mehr auf die Entwicklung der Persönlichkeit der angehenden Psychologen/Therapeuten fokussieren und weniger auf die Vermittlung theoretischer Kenntnisse?
- Wo liegen die Grenzen der Ausbildung hinsichtlich der Weiterentwicklung der Persönlichkeit?
- Sind grundsätzlich einige Personen gänzlich ungeeignet für diesen Beruf?
- Wie ist mit Therapeuten umzugehen, die überdurchschnittlich schlechte Ergebnisse erzielen?

Ich nehme an, dass sich zukünftig vieles um diese Fragestellungen drehen wird, da der Therapeut als „Wirkfaktor" zentral für den Therapieerfolg bzw. Misserfolg ist. Im Schlussteil dieser Diskussion werde ich nun auf einige Maßnahmen eingehen, welche in der Fachliteratur hinsichtlich des qualitätsfördernden Charakters diskutiert werden.

Im Zuge der Debatte um die Begrenzung von Nebenwirkungen, Schäden und folgenreichen Übergriffen in der Psychotherapie wird als Präventionsmaßnahme immer wieder vor allem die Patientenaufklärung präferiert (Kaczmarek & Strauß, 2013; Schleu, Hillebrand, Kaczmarek & Strauß, 2013; Gahleitner et al., 2013; Koschier & Märtens, 2011). Auch zeigt sich, dass

Therapieabbrüche mit mangelnder Aufklärung über mögliche Veränderungen, die mit dem Therapieprozess einhergehen können, in Verbindung stehen (Koschier & Märtens, 2011). Durch Patientenaufklärung sollen Klienten mehr Möglichkeiten zur Mitsprache eröffnet und eine partizipative, dialogische Vorgehensweise implementiert werden, die den Raum für zeitnahe und individuelle Rückmeldungen der Patientinnen zum therapeutischen Prozess erleichtert (Gahleitner et al., 2013).

Im Februar 2013 ist in Deutschland das Patientenrechtegesetz in Kraft getreten, bei dem unter anderem auf eine angemessene Patientenaufklärung hingewiesen wird, zu der explizit auch auf mögliche Negativwirkungen hingewiesen werden muss (§ 630e BGB). Diese Gesetzesänderung blieb nicht ohne Reaktion. So hat z.B. die Deutsche Gesellschaft für Psychosomatische Medizin und Ärztliche Psychotherapie (DGPM) ein Musterformular entwickelt, welches für Mitglieder kostenlos heruntergeladen werden kann. Es bleibt abzuwarten, inwiefern dieser Gesetzesbeschluss Anwendung findet und wie hoch die Praxisrelevanz solcher Patientenaufklärungen ist.

Reflexivität gilt als unverzichtbares Element im personenzentrierten sozialen Dienstleistungssektor (Gahleitner et al., 2013). Nicht nur ist ein gewisses Mindestmaß an *Reflexionsfähigkeit* auf Seiten der Klienten notwendig (Leitner et al., 2012) sondern vor allem Therapeuten können durch den Grad an umgesetzter Reflexion, Konsequenzen negativer Effekte positiv beeinflussen (Gerlich, 2011). Allerdings werden nur ca. 20% der von Patienten erlebten Verschlechterungen vom Therapeuten bemerkt (Leitner et al., 2012). Als Lösung gelten *Rückmeldesysteme,* die gleich einem Ampelsystem auf „gefährliche" Strecken hinweisen, bei denen es angemessen ist, mit Klienten oder in der Supervision Rücksprache zu halten (Gahleitner et al., 2013). Diese „Rückmeldungen zum Prozess" wurde bereits erfolgreich getestet (Lambert et al., 2001; Berking et al., 2006). Schwierig erscheint nach Berking et al. (2006) eher die Umsetzung in den behandlungspraktischen Alltag, da aufgrund des erhöhten Arbeitsaufwandes und der hohen Kosten eine Etablierung in der Routineversorgung eher fraglich erscheint. Dennoch wird mit Rückmeldesystemen große Hoffnung verbunden (Medau et al., 2014; Lambcrt et al., 2002b), was aufgrund ihrer Effektivität nachvollziehbar erscheint.

Um Negativeffekte in der Psychotherapie entgegenzuwirken, werden weitere qualitätssichernde Maßnahmen diskutiert, die Rückmeldung geben und allgemein einen reflexiven Charakter besitzen, wie z.B. Supervision, Qualitätsmanagement, Intravision,

Intervision, Qualitätszirkel IFA-Gruppen und Balintgruppen (Sulz, 2013) und finden auch im Gegensatz zu den eben erwähnten Rückmeldesystemen schon länger Anwendung. Kritisch zu sehen ist, dass ähnlich wie in der Psychotherapie, Negativwirkungen, die möglicherweise von diesen qualitätssichernden Maßnahmen ausgehen, bisher kaum Gegenstand der Forschung waren. Ehrhardt und Petzold (2011) zeigen anhand der Dunkelfeldstudie „Verletzungen in der Supervision und Lehrsupervision", dass auch hier teils mit erheblichen Negativeffekten zu rechnen ist. Die Pilotstudie zeigte aber auch, dass die psychoanalytisch theoriegeleitete Supervisionen besonders häufig negative Effekte erzeugte und dass die Ursachen der Schädigungen häufig in der Person des Supervisors zu verorten war (ebd.).

Außerdem wird von verschiedenen Autoren hervorgehoben, dass die Beschäftigung mit Nebenwirkungen und unerwünschten Effekten von Psychotherapie bereits frühzeitig in der Ausbildung beginnen sollte (Gahleitner et al., 2013; Kaczmarek & Strauß, 2013). So sehen Kächele und Hilgers (2013) es als bedeutsam an, schon in der Aus- und Weiterbildung Seminare zu dem Thema „Nebenwirkungen" anzubieten, um der zwar verständlichen, aber wenig hilfreichen Neigung entgegenzutreten, diese zu übersehen, nicht zu thematisieren, umzuinterpretieren oder externen Gründen zuzuschreiben. Die Autoren fordern zudem, dass zuallererst Lehrtherapeuten und -analytiker, Supervisoren und Ausbilder sich diesem Thema stellen müssen.

Zusammenfassend ist zu sagen, dass die Erforschung der Wirkmechanismen der Psychotherapie ungleich schwieriger ist als der allgemeine Wirkungsnachweis der psychotherapeutischen Verfahren. Vieles spricht dafür, dass insbesondere allgemeine Wirkfaktoren den Therapieoutcome positiv und negativ beeinflussen. Inwiefern diese Erkenntnisse die Psychotherapie in den kommenden Jahrzehnten verändern wird, wird sich zeigen. Viel Aufmerksamkeit benötigt das Thema der Negativeffekte, die keine Randerscheinungen in der Psychotherapie sind, sondern regelhaft auftreten. Hier zeigt sich zwar zunehmend ein größeres, aber immer noch ein viel zu geringes Forschungsinteresse.

Literatur

Antal, Z. (2012). *Eine empirische Prozess-Outcome-Untersuchung zur Wirksamkeit und Wirkungsweise psychoanalytischer Langzeitpsychotherapien.* Inaugural-Dissertation. München: Ludwig-Maximilians-Universität. Zugriff am 20.06.2015 von http://d-nb.info/1025821912/34

Baldwin, S.A., Berkeljon, A., Atkins, D.C., Olsen, J.A. & Nielsen, S. L. (2009). Rates of change in naturalistic psychotherapy: Contrasting dose–effect and good-enough level models of change. *Journal of Consulting and Clinical Psychology*, 77 (2), 203–211.

Bartram, C. (2013). *Noceboresponse in randomisierten kontrollierten Medikamentenstudien des Fibromyalgiesyndroms und der schmerzhaften peripheren diabetischen Neuropathie.* Dissertation. München: Technischen Universität, Medizinische Fakultät. Klinik für Psychosomatische Medizin und Psychotherapie. Zugriff am 22.04.2015 von http://mediatum.ub.tum.de/doc/1190225/1190225.pdf

Ben-Ari, A. & Somer, E. (2004). The aftermath of therapist-client sex: exploited women struggle with the consequences. *Clinical Psychology and Psychotherapy, 11*, 126–36.

Berbalk, H.H. & Young, J.E. (2009). Schematherapie. In J. Margraf & S. Schneider (Hrsg.), *Lehrbuch der Verhaltenstherapie* (3. Aufl.). (S. 645-667). Heidelberg: Springer.

Berking, M., Orth, U. & Lutz, W. (2006). Eine empirische Studie in einem stationär-verhaltenstherapeutischen Setting. *Zeitschrift für Klinische Psychologie und Psychotherapie, 35* (1), 21–29.

Beushausen, J. (2014). *Sind Laienhelfer, Berater und Therapeuten gleich wirksam? Anmerkungen zu einer bedeutsamen und ungeklärten Frage.* Zugriff am 18.04.2015 von http://www.socialnet.de/materialien/attach/256.pdf

Beutler, L. R., Malik, M., Alimohamed, S., Harwood, T. M., Talebi, H., Noble, S. et al. (2013). Therapeutenvariablen. In M.J. Lambert (Hrsg.), *Handbuch der Psychotherapie und Verhaltensmodifikation.* (S. 381-499).Tübingen: DGVT-Verlag.

BGB (2015): Bürgerliches Gesetzbuch in der Fassung der Bekanntmachung vom 2. Januar 2002 (BGBl. I S. 42, 2909; 2003 I S.738), das zuletzt durch Artikel 1 des Gesetzes vom 21. April 2015 (BGBl. I S. 610) geändert worden ist.

Bienenstein, S. & Rother, M. (2009). *Fehler in der Psychotherapie Theorie, Beispiele und Lösungsansätze für die Praxis.* Wien: Springer-Verlag.

Bormann, M., Sonntag, U. & Vogt, I. (2013). Grenzverletzungen in Psychotherapie und Beratung: Rückblick und Ausblick. *Verhaltenstherapie & psychosoziale Praxis, 45* (4), 881-889.

Bostwick, G. (1987). „Where's Mary?" A review of the group treatment dropout literature. *Soc Work Groups, 10* (3), 117–131.

Bright, J.I., Baker K.D. & Neimeyer, R.A. (1999). Professional and paraprofessional group treatments for depression a comparison of cognitive—behavioral and mutual support interventions. *Journal of Consulting and Clinical Psychology, 67*, 491-501.

Brockmann. J., Schlüter. T. & Eckert, J. (2001). Die Frankfurt- Hamburg Langzeit-Psychotherapiestudie – Ergebnisse der Untersuchung psychoanalytisch orientierter und verhaltenstherapeutischer Langzeit-Psychotherapien in der Praxis niedergelassener Psychotherapeuten. In U. Stuhr, M. Leuzinger-Bohleber & M. Beutel (Hrsg.), *Langzeit-Psychotherapie* (S. 271-277). Stuttgart: Kohlhammer-Verlag.

Brody, H. & Brody, D. (2002). *Der Placebo-Effekt. Die Selbstheilungskräfte unseres Körpers.* München: Deutscher Taschenbuch Verlag.

Bundesärztekammer (2007): *Zunehmende Privatisierung von Krankenhäusern in Deutschland: Folgen für die ärztliche Tätigkeit. Voraussetzungen, Wirkungen, Konsequenzen und Potenziale aus ärztlicher Sicht.* Bericht der Arbeitsgruppe des Vorstandes der Bundesärztekammer. Zugriff am 19.03.2015 von http://www. bundesaerztekammer.de /downloads/Ergebnisbericht_final.pdf

Burlingame, G. M., MacKenzie, K. R. & Strauß, B. (2013). Therapie in Kleingruppen: Wirksamkeitsbelege und Veränderungsmechanismen. In M.J. Lambert (Hrsg.), *Handbuch der Psychotherapie und Verhaltensmodifikation.* (S. 1031- 1102). Tübingen: DGVT-Verlag.

Caspar, F. & Jacobi, F. (2007). Psychotherapieforschung. In W. Hiller, E. Leibing, S. Leichsenring & S. Sulz (Hrsg.), *Lehrbuch der Psychotherapie für die Ausbildung zur/zum Psychologischen PsychotherapeutIn und für die ärztliche Weiterbildung. Band 1: Wissenschaftliche Grundlagen der Psychotherapie* (4. Aufl.). (S. 395-412). München: CIP-Medien.

Caspar, F. & Kächele, H. (2008). Fehlentwicklungen in der Psychotherapie. In S. Herpertz, C. Mundt & F. Caspar (Hrsg), *Störungsorientierte Psychotherapie.* (S. 729-743). München: Urban & Fischer.

Clarkin, J.F. & Levy, K.N. (2013). Der Einfluss von Klientenvariablen auf die Psychotherapie. In M.J. Lambert (Hrsg.), *Handbuch der Psychotherapie und Verhaltensmodifikation.* (S. 329-380). Tübingen: DGVT-Verlag

Conrad, A., (2009). *Ein verhängnisvolles Zusammenspiel. Misslungene Psychotherapie aus Klientensicht.* Dissertation. Berlin: Freie Universität, Fachbereich Erziehungswissenschaft und Psychologie. Zugriff am 22.02.2015 von http://www.diss. fu-berlin.de/ diss/servlets/ MCRFileNodeServlet/ FUDISS_derivate_ 000000011537/ Misslungene_Therapie_Conrad_2009.pdf

Dossier zur Online-Studie von Pro Psychotherapie e.V. (2011). *„Psychotherapie in Deutschland – Versorgung, Zufriedenheit, Klima – 2011".* Zugriff am 16.03.2015 von http://www.therapie.de/fileadmin/ dokumente/pi/ Dossier _Umfrageergebnisse_zu_ Psychotherapie_in_Deutschland_2011_therapie.de.pdf

Drigalski, D. v. (2002). Das China-Syndrom der Psychoanalyse. In M. Märtens & H. Petzold (Hrsg.), *Therapie-schäden. Risiken und Nebenwirkungen von Psychotherapie.* (S-60-71). Mainz: Matthias-Grünewald-Verlag.

Eckert, J., Frohburg, I. & Kriz, J. (2004). Therapiewechsler. Differenzielle Therapieindikation durch die Patienten? *Psychotherapeut, 49* (4), 415 – 426.

Ehrhardt, J. & Petzold, H. (2011). Wenn Supervisionen schaden – explorative Untersuchung im Dunkelfeld „riskanter supervisorischer Praxis". *Zeitschrift für vergleichende Psychotherapie und Methodenintegration, 37,* 137-192.

Eichenberg, C. (2008). Sexuelle Übergriffe in therapeutischen Beziehungen. Mehr Aufklärung gefordert. *Deutsches Ärzteblatt, 10,* 463-465.

Emmelkamp, P.M. G. (2013). Verhaltenstherapie mit Erwachsenen. In M.J. Lambert (Hrsg.), *Handbuch der Psychotherapie und Verhaltensmodifikation.* (S.627-715). Tübingen: DGVT-Verlag.

Esch, T. (2015). Selbstheilung als Teil der Medizin. Ein medizinisch-kultureller Blick auf die moderne Autoregulationsforschung. *Deutsches Ärzteblatt, 1,* 18-22.

Faller, H. (2004). Wirkfaktoren der psychodynamischen Psychotherapie. In H. Lang (Hrsg.), *Was ist Psychotherapie und wodurch wirkt sie?* (S. 135-145). Würzburg: Königshausen & Neumann GmbH.

Fiedler, P. (2003). Eine Kritik (nicht nur) der Verhaltenstherapie aus der Sicht eines Verhaltenstherapeuten. *Psychotherapie, 8* (1), 258-270.

Flückiger, C. & Regli, D. (2007). Die Berner Ressourcen-Taskforce: Ein Praxis-Forschungs-Netzwerk zur Erkundung erfolgreicher Wirkfaktor-Muster. *Verhaltenstherapie und psychosoziale Praxis, 39* (2), 307–320.

Freyberger, H. J. & Spitzer, C. (2013). Zum dialektischen Verständnis von Haupt- und Nebenwirkungen in der Psychotherapie: „Wo gehobelt wird, da fallen auch Späne". In M. Linden & B. Strauß (Hrsg.), *Risiken und Nebenwirkungen von Psychotherapie.* (S. 33-40). Berlin: Medizinische Wissenschaftliche Verlagsgemeinschaft.

Gahleitner, S., Hinterwallner, H. & Gerlich, K. (2013). „Wo Licht ist, ist auch viel Schatten": Übergriffe in der Psychotherapie. *Verhaltenstherapie & psychosoziale Praxis, 45* (4), 891-902.

Gerlich, K. (2011). Risiko und Handhabung von Risiko im psychotherapeutischen Prozess. Eine praxisbasierte ExpertInnensicht. *Zeitschrift für vergleichende Psychotherapie und Methodenintegration, 37*, 45-62.

Grawe, K. (2004). *Neuropsychotherapie.* Göttingen: Hogrefe.

Grawe, K. (2005). Wie kann Psychotherapie durch empirische Validierung wirksamer werden? *Psychotherapeutenjournal, 1*, 4-11.

Grawe, K., Donati, R. & Bernauer, F. (1994). *Psychotherapie im Wandel – Von der Konfession zur Profession.* Göttingen: Hogrefe.

Grawe, K. & Znoj, H. (2004). Wirkfaktoren der allgemeinen Psychotherapie. In H. Lang (Hrsg.), *Was ist Psychotherapie und wodurch wirkt sie?* (S.199-210). Würzburg: Königshausen & Neumann GmbH.

Grimmer, B., Merk, A. & Neukorn, M. (2011). Ansatzpunkt Therapeut-Patient-Beziehung: Psychoanalytisch orientierte Psychotherapie. In U. Baumann & M. Perrez (Hrsg.), *Lehrbuch Klinische Psychologie-Psychotherapie* (4. Aufl.). (S. 456-475). Bern: Hans Huber.

Grob, A. (2009). Persönlichkeitspsychologische Grundlagen der Verhaltenstherapie. In J, Margraf & S. Schneider (Hrsg.), *Lehrbuch der Verhaltenstherapie* (3. Aufl.). (S. 135-145). Heidelberg: Springer.

Hansen, N.B., Lambert, M.J. & Forman, E.M. (2002). The psychotherapy dose-response effect and its implications for treatment delivery services. *CLINICAL PSYCHOLOGY: SCIENCE AND PRACTICE, 9* (3), 329-243.

Hattie, J.A., Sharpley, C.F. & Rogers, H.J. (1984). Comparative effectiveness of professional and paraprofessional helpers. *Psychological Bulletin, 95,* 534-541.

Hau, S. (2005). Empirische Forschung in der Psychoanalyse. *Psychotherapeutenjournal 2,* 123 -127.

Hau, C., Huber, D., Klug, G., Benecke, S. & Löffler-Stastka, H. (2015). Vergleich therapeutenspezifischer Wirkfaktoren im psychoanalytischen, psychoanalytisch orientierten und kognitiv-verhaltenstherapeutischen Therapieprozess der Depression. *Psychotherapie Forum, June 01,* 38-46.

Haupt, L. M., Linden, M. & Strauß, B. (2013). Definition und Klassifikation von Psychotherapie-Nebenwirkungen. In M. Linden & B. Strauß (Hrsg.), *Risiken und Nebenwirkungen von Psychotherapie* (S. 1-13). Berlin: Medizinische Wissenschaftliche Verlagsgemeinschaft.

Heidenreich, T. & Michalak,J. (2009). Achtsamkeit. In J. Margraf & S. Schneider (Hrsg.), *Lehrbuch der Verhaltenstherapie* (3. Aufl.). (S. 569-578). Heidelberg: Springer.

Helle, M. (2006). Leitlinien im Spannungsfeld von Wissenschaft, Ökonomie und therapeutischer Praxis. In J. Hardt (Hrsg.), *Gesellschaftliche Verantwortung und Psychotherapie* (S. 209 – 219). Gießen: Psychosozial-Verlag. Zugriff am 05.05.2015 von https://www.gwg-ev.org/sites/default/files /M_Helle_Psychotherapie_Leitlinien.pdf

Herwig-Kröner, B. (2004). *Die Wirksamkeit von Verhaltenstherapie bei psychischen Störungen von Erwachsenen sowie Kindern und Jugendlichen. Expertise zur empirischen Evidenz des Psychotherapieverfahrens Verhaltenstherapie.* Tübingen: DGVT-Verlag.

Hinterwallner, H., Gerlich, K. & Koschier, A. (2011). PatientInnenbeschwerden in der Psychotherapie. Eine Kurzdarstellung. *Zeitschrift für vergleichende Psychotherapie und Methodenintegration, 37,* 63-74.

Hoffmann, S. O., Rudolf, G. & Strauß, B. (2008). Unerwünschte und schädliche Wirkungen von Psychotherapie. *Psychotherapeut, 53*, 4-16.

Hollon, S.D. & Beck, A.T. (2013). Kognitive und behaviorale Therapien. In M.J. Lambert (Hrsg.), *Handbuch der Psychotherapie und Verhaltensmodifikation*. Tübingen: DGVT-Verlag.

Howard, K. I., Cornille, Th. A., Lyons, J. S., Vessey, J. T., Lueger, R. J. & Saunders, S. M. (1996). Patterns of health service utilization. *Archives of General Psychiatry 53*, 696 – 703.

Hoyer, J. & Knappe, S. (2012). Psychotherapie braucht strukturierte Diagnostik! *Psychotherapie im Dialog, 13*, (1), 2-5.

Jacobi, F. (2002). Risiken und Nebenwirkungen verhaltenstherapeutischer Behandlungen. In M. Märtens & H. Petzold (Hrsg.), *Therapieschäden. Risiken und Nebenwirkungen von Psychotherapie* (S. 89-108). Mainz: Matthias-Grünewald-Verlag.

Jacobi, F., Hoyer, J. & Uhmann, S. (2011). Wie häufig ist therapeutischer Misserfolg in der ambulanten Psychotherapie? Ergebnisse aus einer verhaltenstherapeutischen Hochschulambulanz. *Zeitschrift für Klinische Psychologie und Psychotherapie, 40* (4), 246–256.

Johnson, S.L. & Miller, I. (1997). Negative life events and time to recovery from episodes of bipolar disorder. *Journal of Abnormal Psychology, 106* (3), 449-457.

Jong-Meyer, R. (2009). Kognitive Verfahren nach Beck und Ellis. In J. Margraf & S. Schneider (Hrsg.), *Lehrbuch der Verhaltenstherapie* (3. Aufl.). (S. 611-627), Heidelberg: Springer.

Jütte, R. (2011). Placebo: Mehr als nur Einbildung. *Ärzteblatt Sachsen, 11*, 215-219.

Kächele, H. (2006). Psychotherapeut/Psychotherapeutin, Person–Persönlichkeit–Funktion. *Psychotherapie, 11* (2), 136-140.

Kächele, H. & Hilgers, M. (2013). Spezifische Nebenwirkungen von psychodynamischer Psychotherapie. In M. Linden & B. Strauß (Hrsg.), *Risiken und Nebenwirkungen von Psychotherapie* (S. 41-57). Berlin: Medizinische Wissenschaftliche Verlagsgemeinschaft.

Kaczmarek, S. & Strauß, B. (2013). Empirische Befunde zum Spektrum und zur Häufigkeit von unerwünschten Wirkungen, Nebenwirkungen und Risiken von Psychotherapie. In M. Linden & B. Strauß (Hrsg.), *Risiken und Nebenwirkungen von Psychotherapie* (S. 15-31). Berlin: Medizinische Wissenschaftliche Verlagsgemeinschaft.

Kaluza, G. (2004). *Stressbewältigung. Trainingsmanual zur psychologischen Gesundheitsförderung.* Berlin: Springer-Verlag.

Kendler, K.S., Karkowski, L.M. & Prescott, C.A. (1999). Causal relationship between stressful life events and the onset of major depression. *Am J Psychiatry, 156* (6), 837-841.

Kriz, J. (2005). Von den Grenzen zu den Passungen. *Psychotherapeutenjournal, 4,* 12-20.

Kleiber,D. (1990). Risiken der Suche nach Glück: Über einige Schattenseiten der Psychotherapie. In M. Behr & U. Esser (Hrsg.), *Macht Therapie glücklich? Neue Wege des Erlebens in klientenzentrierter Psychotherapie* (S. 44-73). Köln: GwG.

Klepsch, M.F., Münchau, N. & Hand, O. (2009). Misserfolge in der Verhaltenstherapie. In J. Margraf & S. Schneider (Hrsg.), *Lehrbuch der Verhaltenstherapie* (3. Aufl.). (S. 261-275). Heidelberg: Springer.

Köhlke, H.U. (2000). Keine Sicherstellung von Gruppenpsychoherapie als Kassenleistung. Dringend notwendige Reform der PT-Richtlinien und EBM-Ziffern. *Verhaltenstherapie & psychosoziale Praxis, 32* (1), 91-98.

Koschier, A. & Märtens, M. (2011). Risiken, Schäden und Nebenwirkungen in der Psychotherapie. Ergebnisse einer niederöstereichweiten Patientenbefragung. *Zeitschrift für vergleichende Psychotherapie und Methodenintegration, 37,* 75-92.

Lambert, M. J. (2007). Presidential address: What we have learned from a decade of research aimed at improving psychotherapy outcome in routine care. *Psychotherapy Research, 17* (1), 1- 14.

Lambert, M. J. (2013). The efficacy and effectiveness of psychotherapy. In M.J. Lambert (Eds.), *Handbook of Psychotherapy an Behavior Change* (Sixth Edition) (S.169-218). New York: John Wiley & Sons.

Lambert, M.J., Hawkins, E.J. & Hatfield, D.R. (2002a). Empirische Forschung über negative Effekte in der Psychotherapie: Befunde und ihre Bedeutung für die Praxis und Forschung. In M. Märtens & H. Petzold (Hrsg.), *Therapieschäden. Risiken und Nebenwirkungen von Psychotherapie* (S.40-59). Mainz: Grünewald.

Lambert, M. J., Jason, L., Whipple, J. L., Vermeersch, D. A., Smart, D. W., Hawkins, E. J. et al. (2002b). Enhancing psychotherapy outcome via providing feedback on client progress: A replication. *Clinical Psychology and Psychotherapy, 9,* 91–103.

Lambert, M. J. & Ogles, M. (2013). Die Wirksamkeit und Effektivität von Psychotherapie. In
  M.J. Lambert (Hrsg.), *Handbuch der Psychotherapie und Verhaltensmodifikation.*
  (S.243-328). Tübingen: DGVT-Verlag.

Lambert, M. J., Whipple, J. L., Smart, D. W., Vermeersch, D. A., Nielsen, S. L. & Hawkins, E. J.
  (2001). The effects of providing therapists with feedback on patient progress during
  psychotherapy: Are outcomes enhanced? *Psychotherapy Research, 11,* 49–68.

Leitner, A. (2011) Psychotherapie auf dem Weg... Entwicklungen-Wirkungen-Nebenwirkungen-
  Negativeffekte. *Zeitschrift für vergleichende Psychotherapie und Methodenintegration,*
  37, 7-43.

Leitner, A., Märtens M., Höfner C., Koschier A., Gerlich K., Hinterwallner et al. (2012).
  Psychotherapie: Risiken, Nebenwirkungen und Schäden. Zur Förderung der
  Unbedenklichkeit von Psychotherapie. Endbericht. Department für Psychotherapie und
  Biopsychosoziale Gesundheit Donau-Universität Krems, Fakultät Gesundheit und
  Medizin. Zugriff am 09.04.2015 von http://www.donau -uni.ac.at/ imperia/md/ content/
  department/ psymed/ forschungsartikel/ risk_bericht_11.09.2013.pdf

Leuzinger-Bohleber, M. (2012). „Je länger, desto besser?" Ein Plädoyer für eine differenzielle
  Indikation zur Kurztherapie. *Psychotherapie im Dialog, 13* (3), 7-11.

Liegl, G. & Leitner, A. (2011). Psychotherapie kann mit Zufriedenheitseinbußen
  einhergehen. Welche Aspekte der allgemeinen Lebenszufriedenheit betroffen sind und
  welche Rolle Geschlecht und therapeutische Orientierung dabei spielen. *Zeitschrift für*
  vergleichende Psychotherapie und Methodenintegration, 37, 93-111.

Lutz, W. (2010). Was ist Psychotherapie? - Grundlagen und Modelle. In W. Lutz (Hrsg.),
  Lehrbuch Psychotherapie (S. 25-47). Bern: Verlag Hans Huber.

Lutz, W., Klein, J., Mocanu, S. Weimer, D. Stadler, K. & Welscher, A. (2010). Richtungen und
  Verfahren der Psychotherapie im Überblick 1: Theoretische Orientierungen. In W. Lutz
  (Hrsg.), *Lehrbuch Psychotherapie* (S. 125-150). Bern: Verlag Hans Huber.

Lutz, W. & Zaunmüller, L. (2012). Wer braucht wie viel Therapie? Perspektiven aus der
  Psychotherapieforschung. *Psychotherapie im Dialog, 13* (3), 12-17.

Ma, S. H. & Teasdale, J. (2004). Mindfulness-based cognitive therapy for depression:
  replication and exploration of differential relapse prevention effects. *Journal of*
  consulting and clinical psychology, 72 (1), S. 31-40.

Maercker, A. & Krampen, G. (2009). Entspannungsverfahren. In J. Margraf & S. Schneider (Hrsg.), *Lehrbuch der Verhaltenstherapie* (3. Aufl.). (S. 499-506). Heidelberg: Springer.

Maercker, A. & Weike, A.I. (2009). Systematische Desensibilisierung. In J. Margraf & S. Schneider (Hrsg.), *Lehrbuch der Verhaltenstherapie* (3. Aufl.). (S. 507-514). Heidelberg: Springer.

Maio, G. (2011). Verstehen nach Schemata und Vorgaben? Zu den ethischen Grenzen einer Industrialisierung der Psychotherapie. *Psychotherapeutenjournal, 2,* 132-138.

Margraf, J. (2009a). Risiken und Nebenwirkungen. In J. Margraf & S. Schneider (Hrsg.), *Lehrbuch der Verhaltenstherapie* (3. Aufl.). (S. 277-296). Heidelberg: Springer.

Margraf, J. (2009b). Hintergründe und Entwicklung. In J. Margraf & S. Schneider (Hrsg.), *Lehrbuch der Verhaltenstherapie* (3. Aufl.). (S. 3-45). Heidelberg: Springer.

Margraf, J. & Schneider, S. (2002). Risiko Psychotherapie? *Verhaltenstherapie, 12,* 133–142.

Margraf, J. & Schneider, S. (2009). (Hrsg.). *Lehrbuch der Verhaltenstherapie* (3. Aufl.). Heidelberg: Springer.

Märtens, M. & Petzold, H. (2002). Einführung: Die schwierige Entdeckung von Nebenwirkungen. In M. Märtens & H. Petzold (Hrsg.), *Therapieschäden. Risiken und Nebenwirkungen von Psychotherapie* (S.16-39). Mainz: Grünewald.

Mattke, D. (2008). Nebenwirkungen Psychodynamischer Gruppentherapie. *Psychodynamische Psychotherapie, 7* (1), 31-42.

Medau, I., Jox, R.J., Dittmann, V. & Stella, R.-T. (2012). Eine Pilotstudie zum Umgang mit Fehlern in der Psychotherapie. Therapeuten berichten aus der Praxis. *Psychiatrische Praxis, 39,* 326–331.

Medau, I., Jox, R.J. & Reiter-Theil, S. (2014). Behandlungsfehler in der Psychotherapie Einblicke in eine qualitative Studie zum Fehlerbegriff und seinen ethischen Aspekten. *Hessisches Ärzteblatt, 6,* 329-343.

Mertens, W. (2004). Plädoyer für eine theorie,- modell- und methodenplurare psychoanalytische Forschung - wider einen unfruchtbaren Dogmatismus theoretischer und methodischer Art. *Psychotherapie & Sozialwissenschaft, 6,* 48-66.

Mertens, W. (2005). Grundlagen psychoanalytischer Psychotherapie. In M. Broda & W. Senf (Hrsg.), *Praxis der Psychotherapie. Ein integratives Lehrbuch* (3. Aufl.) (S. 196-237). Stuttgart: Georg Thieme Verlag KG.

Metzing-Blau, S. (2008). *Placebo im Wandel: von Beecher zu Benedetti.* (verschrifteter Akademievortrag im Promotionsverfahren). Zugriff am 09.05.2015 von http://www.dg-pflegewissenschaft.de/pdf/0804-MetzingBlau.pdf

Michael, T. & Ehlers, A. (2009). Lernpsychologische Grundlagen der kognitiven Verhaltenstherapie. In J. Margraf & S. Schneider (Hrsg.), *Lehrbuch der Verhaltenstherapie* (3. Aufl.). (S.101 -113). Heidelberg: Springer.

Miller, S. D., Duncan, B. L. & Hubble, M. A. (2000). *Jenseits von Babel. Wege zu einer gemeinsamen Sprache in der Psychotherapie.* Stuttgart: Klett.

Mohr, D. C. (1995). Negative outcome in psychotherapy: A critical review. *Clinical psychology: Science and practice, 2*, 1-27.

Mohr, C. & Schneider, S. (2015). Zur Rolle der Exposition bei der Therapie von Angststörungen. *Verhaltenstherapie, 25* (1), S. 32-39.

Müller-Kohlenberg, H. (1996). *Laienkompetenz im psychosozialen Bereich.* Opladen: Leske und Budrich.

Munz, D. (2010). *Abstinenz als ethische Grundhaltung in der Psychotherapie.* Vortrag auf der Fachtagung der Landespsychotherapeutenkammer Baden-Württemberg zu „Verantwortung in der Psychotherapie: Abstinenz aus fachlicher und juristischer Sicht". Zugriff am 06.06.2015 von http://www.lpk-bw.de/archiv /news2010/pdf/ 100711_abstinenz_als_ethische_grundhaltung.pdf

Nestoriuc, Y. & Rief, W. (2013). Risiken und Nebenwirkungen von Verhaltenstherapie. In M. Linden & B. Strauß (Hrsg.), *Risiken und Nebenwirkungen von Psychotherapie* (S.59-74). Berlin: Medizinische Wissenschaftliche Verlagsgemeinschaft.

Nietzel, M. T. & Fisher, S. G. (1981). Effectiveness of Professional and Paraprofessional Helpers: A Comment on Durlak. *Psychological Bulletin, 89* (3), S. 555-556.

Oehlschlägel-Akiyoshi, J. (1998). *Dosis-Wirkungs-Analyse in Nicht-Randomisierten Studien: Begriffe, Methoden und Anwendung am Beispiel der Stationären Psychotherapie von Anorexia Nervosa.* Dissertation. Ulm: Universität Ulm, Medizinische Fakultät, Abteilung Psychotherapie und Psychosomatische Medizin. Zugriff am 16.04.2015 von http://www.truecluster.com/ O/p_long.pdf

Orlinsky, D. E. (2008). Die nächsten 10 Jahre Psychotherapieforschung. Eine Kritik des herrschenden Forschungsparadigmas mit Korrekturvorschlägen. *Psychotherapie, Psychosomatik, Medizinische Psychologie, 58*, 345–354.

Orlinsky, D.E., Ronnestad, M.H. & Willutzki, U. (2004). Fifty years of psychotherapy process-outcome research: Continuity and Change. In M.J. Lambert (Ed.), Bergin and Garfield's Handbook of Psychotherapy and Behavior Change (5th ed., pp. 307-389). New York: Wiley.

Orlinsky, D. E., Ronnestad, M. H. & Willutzki, U. (2013). 50 Jahre Prozess-Outcome-Forschung: Kontinuität und Wandel. In M.J. Lambert (Hrsg.), *Handbuch der Psychotherapie und Verhaltensmodifikation* (S. 501-624). Tübingen: DGVT-Verlag.

Ortlieb, M.G. (2012). *Kritische Betrachtung psychologischer Diagnostik.* Bachelor-Thesis. Stendal: Hochschule-Magdeburg-Stendal, Fachbereich Angewandte Humanwissenschaften (AHW). Zugriff am 11.02.2015 von http://edoc2.bibliothek.uni-halle.de/ lssaoams/ content/ titleinfo/24146

Pauli,P., Rau, H. &, Birbaumer, N. (2009). Biologische Grundlagen der Verhaltenstherapie. In J. Margraf & S. Schneider (Hrsg.), *Lehrbuch der Verhaltenstherapie* (3. Aufl.). (S. 147-162). Heidelberg: Springer.

Paulus, J. (2014). Gute Therapeuten-schlechte Therapeuten. *Psychologie Heute, 41* (5), 45-48.

Pfammatter, M., Junghan, U.M. & Tschacher, W. (2012a). Allgemeine Wirkfaktoren der Psychotherapie: Konzepte, Widersprüche und eine Synthese. *Psychotherapie 17* (1), 17-31.

Pfammatter, M. & Tschacher, W. (2012b). Wirkfaktoren der Psychotherapie – eine Standortbestimmung. *Zeitschrift für Psychiatrie, Psychologie und Psychotherapie, 60* (1), 67–76.

Požgain, I., Požgain, Z. & Degmečić, D. (2014). Placebo and noncebo effect: A mini-review. *Psychiatria Danubina, 26* (2), 100-107.

Rabe-Menssen, C. (2009). Zum Problem der niedrigen Erkennungsrate psychischer Erkrankungen in der hausärztlichen Versorgung. *Psychotherapie Aktuell, 2,* 16-19.

Rabkin, J-G. & Struening, E.L. (1976). Life events, stress, and illness. *SCIENCE, 194* (3), 1013-1020.

Reiter-Theil, S. & Medau, I. (2009). Ethische Fragen im Kontext der Verhaltenstherapie. In J. Margraf & S. Schneider (Hrsg,), *Lehrbuch der Verhaltenstherapie* (3. Aufl.). (S. 249-259). Heidelberg: Springer.

Reinecker, H. (2005). Verhaltenstherapie. In M. Broda & W. Senf (Hrsg.), *Praxis der Psychotherapie. Ein integratives Lehrbuch* (3. Aufl.) (S. 260-305). Stuttgart: Georg ThiemVerlag KG.

Rentzsch, K. & Schütz, A. (2009). *Psychologische Diagnostik. Grundlagen und Anwendungsperspektiven. Grundriss der Psychologie.* Stuttgart: Kohlhammer Druckerei GmbH.

Revenstorf, D. (2009). Klinische Hypnose. In J. Margraf & S. Schneider (Hrsg.), *Lehrbuch der Verhaltenstherapie* (3. Aufl.). (S. 531-549). Heidelberg: Springer.

Rief, W., Exner, C. & Martin, A. (2006). *Psychotherapie. Ein Lehrbuch.* Stuttgart: Kohlhammer GmbH.

Roback, H.B. (2000). Adverse outcomes in group psychotherapy. Risk factors, prevention, and research directions. *Journal of Psychotherapy, Practice and Research 9,* 113-122.

Scheppokat, K.D. (2004). Anfälligkeit komplexer Systeme. *Deutsches Ärzteblatt, 101* (15), A 998–999.

Schiepe, A. (2008). *Der Einfluss von Lebensereignissen auf die Stabilität des Sense of Coherence.* Dissertation. Berlin: Institut für Allgemeinmedizin der Medizinischen Fakultät Charité - Universitätsmedizin Berlin. Zugriff am 30.05.2015 von http://www.diss.fuberlin.de/diss/servlets/MCRFileNodeServlet/FUDISS_derivate_00000 0004260/Dissertation_Schiepe.pdf

Schleu, A., Hillebrand, V., Kaczmarek, S. & Strauß, B. (2013). Patientenbeschwerden über psychotherapeutische Behandlungen. In: M. Linden & B. Strauß (Hrsg.), *Risiken und Nebenwirkungen von Psychotherapie* (S. 87-103). Berlin: Medizinische Wissenschaftliche Verlagsgemeinschaft.

Schneider, R. (2005). Placeboeffekt und Bedeutung. Eine funktionalpsychologische Betrachtung. *Psychologische Rundschau, 56* (3), 201–209.

Schramm, S. (2012). Nebenwirkungen - Beipackzettel für die Psychotherapie. *Die Zeit,* S.33-44.

Schüßler, G. (2005). Psychodynamische Diagnostik. In M. Broda & W. Senf (Hrsg.), *Praxis der Psychotherapie. Ein integratives Lehrbuch.* (3. Aufl.) (S. 144-156). Stuttgart: Georg Thiem Verlag KG.

Shedler, J. (2011). Die Wirksamkeit psychodynamischer Psychotherapie. *Psychotherapeut, 56,* 265–277.

Simon, R. I. (1995). The natural history of therapist sexual misconduct: identification and prevention. *Psychiatric Annals, 25,* 90–94.

Smith, E. & Grawe, K. (2003). Die funktionale Rolle von Ressourcenaktivierung für therapeutische Veränderungen. In H. Schemmel & J. Schaller (Hrsg.), *Ressourcen: Ein Hand- und Lesebuch zur therapeutischen Arbeit* (S. 111–122). Tübingen: Dgvt-Verl.

Somer, E. & Saadon, M. (1999). Therapist-client sex: clients' retrospective reports. Professional Psychology: *Research and Practice, 30* (5), 504–509.

Sponsel, R. (2002). *Über potentielle Kunst- oder Behandlungsfehler in der Psychotherapie aus allgemeiner und integrativer Sicht.* Vortrag auf der Ersten Fachtagung des IVS am Samstag den 27. Juli 2002. Festsaal, Klinikum am Europakanal. Zugriff am 20.02.2015 von http://www.sgipt.org/gipt/kf/kf020727.htm

Stellungnahme zur Prüfung der Richtlinienverfahren gemäß §§ 13 – 15 der Psychotherapie-Richtlinie für die psychoanalytisch begründeten Verfahren. DGPT (Hrsg), Zugriff am 20.06.2015 von http://www.dpv-psa.de/fileadmin/downloads/Berufspolitik/GBA-STN_06.11.2009.pdf

Stellungnahme des Wissenschaftlichen Beirats der Bundesärztekammer (2010). Placebo in der Medizin. *Deutsches Ärzteblatt, 107,* A 1417-1421.

Stellungnahme des Wissenschaftlichen Beirats Psychotherapie nach § 11 PsychThG zur Verhaltenstherapie (2004). *Deutsches Ärzteblatt, PP* (2), 79-80.

Stewart-Williams, S. & Podd, J. (2004).The placebo effect: dissolving the expectancy versus conditioning debate. *Psychological Bulletin, 130* (2), 324–340.

Strasser, J. (2006). *Erfahrung und Wissen in der Beratung. Theoretische und empirische Analysen zum Entstehen professionellen Wissens in der Erziehungsberatung.* Göttingen: Cuvillier.

Strauß, B. & Burlingame, G.M. (2012). Gruppenpsychotherapieforschung und Wirksamkeitsnachweise von Gruppenbehandlungen. In B. Strauß & D. Mattke (Hrsg.), *Gruppenpsychotherapie* (S. 192-212). Berlin: Springer-Verlag.

Strauß, B. & Eckert, J. (2002). Schäden und negative Folgen von Gruppenpsychotherapien. In M. Märtens & H. Petzold (Hrsg.), *Therapieschäden. Risiken und Nebenwirkungen von Psychotherapie* (S.246-265). Mainz: Matthias-Grünewald-Verlag.

Strauß, B., Eckert, J. & Tschuschke, V. (1996). Einführung: Die Gruppe – ein Stiefkind der Psychotherapieforschung? In B. Strauß, J. Eckert & V. Tschuschke (Hrsg.), *Methoden der empirischen Gruppentherapieforschung* (S.11-14). Opladen: Westdeutscher Verlag.

Strauß, B., Kaczmarek, S. & Freyberger, H.J. (2011). Traumatische Nebenwirkungen der Psychotherapie. Folgen von narzistischem und sexuellem Missbrauch in der Psychotherapie. In G.H. Seidler, H.J. Freyberger & A. Maercker (Hrsg.), *Handbuch der Psychotraumatologie* (S. 391-403). Stuttgart: Klett-Kotta.

Strauß, B., Linden, M., Haupt, M.L. & Kaczmarek, S. (2012). Unerwünschte Wirkungen, Nebenwirkungen und Fehlentwicklungen. Systematik und Häufigkeit in der Psychotherapie. *Psychotherapeut, 57*, 385–394.

Strauß, B. & Mattke, D. (2013). Nebenwirkungen und unerwünschte Wirkungen von Gruppentherapien. In M. Linden & B. Strauß (Hrsg.), *Risiken und Nebenwirkungen von Psychotherapie* (S. 75-85). Berlin: Medizinische Wissenschaftliche Verlagsgemeinschaft.

Strauß, B. & Nodop, S. (2013). Mangelnde Eignung bei angehenden Psychotherapeuten. Kriterien und Umgangsmöglichkeiten aus Sicht der Institutsleiter. *Psychotherapeut, 58,* 446-454.

Strauß, B & Wittmann, W. (2005). Psychotherapieforschung: Grundlagen und Ergebnisse. In M. Broda & W. Senf (Hrsg.), *Praxis der Psychotherapie. Ein integratives Lehrbuch* (3. Aufl.) (S. 760-781). Stuttgart: Georg Thiem Verlag KG.

Streeck, U. (2005). Psychodynamische Therapieverfahren. In M. Broda & W. Senf (Hrsg.), *Praxis der Psychotherapie. Ein integratives Lehrbuch.* (3. Aufl.) (S. 238-258). Stuttgart: Georg Thiem Verlag KG.

Sulz, S. K. D. (2013). Die Ausbildung, Weiterbildung und Supervision von Psychotherapeuten unter der Risikovermeidungsperspektive. In M. Linden & B. Strauß (Hrsg.), *Risiken und Nebenwirkungen von Psychotherapie* (S. 183-199). Berlin: Medizinische Wissenschaftliche Verlagsgemeinschaft.

Tolin, D.F. (2010). Is cognitive-behavioral therapy more effective than other therapies?: A meta-analytic review. *Clinical Psychology Review, 30,* 710–720.

Tschuschke, V. (2005). Die Psychotherapie in Zeiten evidenzbasierter Medizin Fehlentwicklungen und Korrekturvorschläge. *Psychotherapeutenjournal 2,* 105-115.

Tschuschke, V. (2010). Gruppenrollen und Gruppenentwicklung. In V. Tschuschke (Hrsg.), *Gruppenpsychotherapie. Von der Indikation bis zu Leitungstechniken* (S. 290-295). Stuttgart: Thieme.

Tschuschke, V. & Anbeh, T. (2008). *Ambulante Gruppenpsychotherapie.* Stuttgart: Schattauer.

Tsui, P. & Schultz, G. L. (1985). Failure of rapport: Why psychotherapeutic engagement fails in the treatment of asian clients. *American Journal of Orthopsychiatry, 55* (4), 561-569.

Uexküll, T. & Wesiack, W. (2011). Integrierte Medizin als Gesamtkonzept der Heilkunde: ein bio-psycho-soziales Modell. In R.H. Adler, W. Herzog, P. Joraschky, L. Köhle, W. Langewitz, W. Söllner & W. Wesiack (Hrsg.), *Uexküll Psychosomatische Medizin: Theoretische Modelle und klinische Praxis - mit Zugang zum Elsevier-Portal* (S. 3-40). München: Urban & Fischer.

Umfrage der Landespsychotherapeutenkammern und der BptK (2011). *BPtK-Studie zu Wartezeiten in der ambulanten psychotherapeutischen Versorgung.* Zugriff am 11.03.2015 von http://www.bptk.de/ uploads/ media/ 110622_BPtK-Studie _Langfassung _Wartezeiten-in-der-Psychotherapie_01.pdf

Voss, E., (2006). *Depressive Störungen im mittleren Erwachsenenalter: Die Bedeutung distaler und proximaler Belastungen und positiver Faktoren Ergebnisse der Interdisziplinären Längsschnittstudie des Erwachsenenalters (ILSE).* Inauguraldissertation. Heidelberg: Fakultät für Verhaltens- und Empirische Kulturwissenschaften der Ruprecht-Karls-Universität Heidelberg. Zugriff am 10.05.2015 von http://archiv.ub.uni-heidelberg.de/volltextserver/7375/1Diss_ElkeVoss_09.05.07.pdf

Wampold, B.E. (2001). *The great psychotherapy debate: Models, methods and findings.* Mahwah, NJ: Lawrence Erlbaum.

Wampold, B.E. (2010). Research on effectiveness of psychotherapy. In B. E. Wampold (Hrsg.), *The basics of psychotherapy: An introduction to theory and practice* (S. 61-83). US: American Psychological Association Washington, DC.

Willutzki, U., Kappenstein, B.-R. & Hermer, M. (2013). Ohne Heiler geht es nicht. Bedeutung von Psychotherapeuten für den Therapieprozess und -ergebnis. *Psychotherapeut, 58,* 427-437.

Wissenschaftlicher Beirat Psychotherapie (2004) Stellungnahme des Wissenschaftlichen Beirats Psychotherapie nach § 11 PsychThG zur Psychodynamischen Psychotherapie bei Erwachsenen. *Deutsches Ärzteblatt, PP,* (1), 45-46.

Wittmann, W. W., Lutz, W., Steffanowski, A., Kriz, D., Glahn, E.M., Völkle et al. (2011). *Qualitätsmonitoring in der ambulanten Psychotherapie: Modellprojekt der Techniker Krankenkasse - Abschlussbericht.* Hamburg: Techniker Krankenkasse. Zugriff am 13.04.2015 von http://www.tk.de/centaurus/servlet/contentblob/342002/Datei/54714

Yalom, I.D. (1999). *Theorie und Praxis der Gruppenpsychotherapie. Ein Lehrbuch.* (5. Aufl.). Stuttgart: Klett-Cotta.

Über den Autor

Janko Claus wurde 1976 in Magdeburg geboren. Sein Master-Studium der Rehabilitationspsychologie an der Hochschule Magdeburg-Stendal schloss der Autor im Jahr 2015 erfolgreich ab. Während seines Studiums weckte ein Zeitschriftenartikel über negative Therapiewirkungen sein Interesse. Dieses Thema ließ ihn in der Folgezeit nicht los. Er beschloss, dieser Thematik zu passender Zeit auf den Grund zu gehen. Die durchaus provokanten Ergebnisse dieser Literaturstudie sind nun in diesem Buch nachzulesen.